Treasury of

Irish Love

Poems, Proverbs & Triads

Treasury of

Irish Love

Poems, Proverbs & Triads

In Irish and English

Compiled and edited by
Gabriel Rosenstock

HIPPOCRENE BOOKS, INC.
New York

ISBN 0-7818-0644-5

For information, address:
HIPPOCRENE BOOKS, INC.
171 Madison Avenue
New York, NY 10016

Cataloging-in-Publication Data available from the Library of Congress

Printed in the United States of America

Contents

Irish Love Poems 1
Anonymous (A.D. 875) 2
Liadhain and Cuirithir 3

Anonymous (Early Irish) 6
Love 7

Anonymous (9th century) 8
Lovely Lady 9

Anonymous (9th century) 10
He's a Sweetheart 11

Dónall Ó Liathaide (f. 1000) 12
Blessings 13

Muireadhach Albanach Ó Dálaigh (1180–1220) 14
On the Death of His Wife 15

Anonymous (12th century) 18
Créide's Lament for Cael 19

Mánas Ó Dónaill (1500–1563) 22
A Heart Riddled with Thoughts 23

Niall Mór Mac Mhuirich (1550–1615) 24
A Long Farewell 25

Seathrún Céitinn (1570–1650) 26
Will You Be Sensible, Girl! 27

Anonymous (16th century) 28
A Deserted Husband Praises His Wife 29

Piaras Feiritéar (c. 1610–1653) 30
Lay Your Arms Aside 31

Liam Rua Mac Coitir (1690–1738) 32
It's Well For You, Blind Man 33

Anonymous (17th century) 34
Glances 35

Anonymous (17th century) 34
A Lie 35

Anonymous (17th century) 36
I Shall Not Die For Thee 37

Anonymous (17th century) 38
Think Upon My Song of Love 39

Eibhlín Dubh Ní Chonaill (1743–1800) 40
The Lament for Art O'Leary 41

Uilliam Mac Gearailt (fl. 1760) 52
The Priest Regrets 53

Antaine Ó Reachtabhra (1784–1835)   54
From Mary Hynes   55

Anonymous (18–19th century)   58
Mary's Keen   59

Anonymous (18–19th century)   60
If You Come   61

Anonymous (18–19th century)   62
Ringleted Youth of My Love   63

Anonymous (18–19th century)   64
Dear Dark Head   65

Anonymous (18–19th century)   66
Donal Ogue   67

Anonymous (18–19th century)   72
The Flowering Sloe   73

Anonymous (18–19th century)   74
A Pity I'm Not in England   75

Anonymous (18–19th century)   76
My Sorrow the Sea!   77

Anonymous (18–19th century)   78
The Coolin   79

Anonymous (18–19th century)   80
Wide Awake All Night   81

Anonymous (18–19th century)   82
The Brink of the White Rock   83

Anonymous (18–19th century)   84
My Fair Pastheen   85

Anonymous (18–19th century)   88
Small Black Rose   89

Anonymous (18–19th century)   90
Dark Green the Ivy   91

Anonymous (18–19th century)   92
The Red-Haired Man Reproaches
  His Wife Who Has Left Him   93

Anonymous (18–19th century)   94
Máirín de Barra   95

Tomás Láidir Ó Coisdealbha (18th century)   98
Fair Úna   99

Anonymous (19th century)   102
Young Lad   103

Anonymous (19th century)   104
The Soft Deal Board   105

Anonymous (*19th century*)   108
From the Cold Sod That's O'er You   109

Anonymous (*19th century*)   112
The Pearl of the White Breast   113

Máire Mhac an tSaoi (*b. 1922*)   114
The Quatrains of Mary Hogan   115

Biddy Jenkinson (*b. 1929*)   120
The Harp of Dubhros   121

Gabriel Rosenstock (*b. 1949*)   122
He Calls Out to His Only Beloved   123

Michael Davitt (*b. 1950*)   124
Woman   125

Michael Davitt (*b. 1950*)   126
Rust and Rampart of Rushes   127

Nuala Ní Dhomhnaill (*b. 1952*)   130
Labasheeda   131

Nuala Ní Dhomhnaill (*b. 1952*)   134
Blodewedd   135

Cathal Ó Searcaigh (*b. 1956*)   138
Lovers   139

Colm Breathnach *(b. 1961)*   140
Macha   141

Gabriel Rosenstock *(b. 1949)*   142
Liadhain   143

Irish Love Proverbs & Triads   145

Irish Love Poems

Líadan ocus Cuirithir

Cen áinius
in gním í do-rigénus;
an ro carus ro cráidius.

Ba mire
nád dernad a airersom,
mainbed omun Ríg nime.

Níbu amlos
dosom in dál dúthracair,
ascnam sech phéin i Pardos.

Bec mbríge
ro chráidi frium Cuirithir;
frissium ba mór mo míne.

Mé Líadan;
ro carussa Cuirithir;
is fírithir ad-fíadar.

Gair bása
i comaitecht Chuirithir;
frissium ba maith mo gnássa.

Céol caille
fom-chanad la Cuirithir,
la fogur fairge flainne.

Liadhain and Cuirithir

Unpleasing
the deed I did;
I grieved the one I loved.

'Twere madness
not to do his bidding—
even to risk losing Heaven.

His desire:
avoid pain, reach Heaven—
a goodly thing for him.

'Twas nothing:
what I did to Cuirithir.
To him I was always gentle.

I am Liadhain;
I loved Cuirithir.
This is as true as true can be.

Too short a time
I spent with Cuirithir;
I was good for him.

Forest music
and the sound of the fierce sea
sang to me, when with Cuirithir.

Do-ménainn
ní cráidfed frim Cuirithir
do dálaib cacha dénainn.

Ní chela:
ba hésium mo chrideṡerc,
cía no carainn cách chena.

Deilm ndega
ro thethainn mo chridese;
ro-fess, nicon bía cena.

ANONYMOUS
(A.D. 875)

Once I thought:
nothing I would ever do
would mar Cuirithir's regard for me.

Hide it not:
he was my heart's love,
though I loved others too.

A blast of flame
has riven my heart;
without him, I cannot, shall not, live.

Translation by
SEÁN MAC MATHGHAMHNA

Serc

Is serc bo báidiu fri bliadain
        mo sherc
is cuma fo thuinn
is rigi nirt dar forrain
is cetharruinn talman
is dichend nime
is brissiud brágat
is comlunn fri scath
is combath fri huacht
is rith fri nemh
is gascced fo ler
is grád do macalla
mo grád-sae, ocus mo shercc ocus
        m'inmaine dontí da tucas.

ANONYMOUS
(Early Irish)

Love

My love is a love that has grown
                for more than a year
It is sorrow whispered low
It is stretch of strength beyond enduring
It reaches the ends of the earth
And the high vault of the sky
It is heart cleaving, heart breaking
It is combat with shadow
It is drowning in water
It is a race against the heavens
It is heroic encounter with the sea
It is Love echoing and re-echoing
My love for her to whom I have given
                my life and my love.

Translation by
SEÁN MAC MATHGHAMHNA

A Bé Find

A Bé Find, in rega lim
i tír n-ingnad hi fil rind?
  Is barr sobairche folt and;
  is dath snechtai corp co ind.

Is and nād bí muí ná taí;
gela dēt and; dubai braī;
  is lí sūla lín ar slúag;
  is dath sion and cech grúad.

Is corcur maige cach muin;
is lí sūla ugae luin;
  cid caín d éicsiu Maige Fāil,
  annam īar ngnáis Maige Máir.

Cid mesc lib coirm Inse Fáil,
is mescu coirm Tíre Māir;
  amra tíre tír as-biur;
  ní tét oac and ré siun.

Srotha téithmilsi tar tīr,
rogu de mid ocus fín,
  doíni delgnaidi cen on,
  combart cen peccad, cen chol.

Ad-chiam cách for cach leth,
ocus nīconn-acci nech:
  teimel imorbais Ádaim
  dodon-aircheil ar āraim.

Lovely Lady
(Mír's Wooing of Éadaoin)

Lovely lady will you go
To that kingdom where stars glow?
  Primrose there the colour of hair
  Snow-white each body fair.

'Yours' and 'mine' are words not known yet,
Ivory teeth and brows of pure jet:
  Foxglove the colour of every cheek,
  The whole company radiant and sleek.

Every plain of purple hue,
The blackbird's eggs flecked with blue,
  The plains of Ireland will seem bare
  After you have lingered there.

For Ireland's beer you will not long,
The Great Land's beer is twice as strong!
  It is a land of purest gold,
  The young don't die before the old.

All round gentle streams entwine,
Mead is drunk, the best of wine;
  The people have not learned to hate,
  It's not a sin to copulate!

We see all on every side
Though none sees us—we do not hide
  But Adam's sin has caused a cloak
  Between us and ordinary folk.

A ben, día rīs mo thūaith tind,
is barr ōir bias fort chind;
   muc úr, laith, lemnacht la lind
   rot-bīa lim and, a Bé Find.

ANONYMOUS
(9th century)

▪ ▪ ▪

Cride hÉ

Cride hé
   daire cnó,
ócán é
   pócán dó.

ANONYMOUS
(9th century)

Woman, if you come with me,
On your head a crown will be,
  Fresh pork, milk, the finest ale
  Await us now beyond the pale.

Translation by
GABRIEL ROSENSTOCK

⊠ ⊠ ⊠

He's a Sweetheart

He's a sweetheart
  a nut-filled grove,
Here's a kiss
  to the one I love.

Translation by
GABRIEL ROSENSTOCK

Beannacht
(Abridged)

Beannacht ort, a bhean, is éist:
Meabhraigh ár gcoinne—Lá an Luain.
Imíonn caitheamh ar gach dúil;
Is eagal liomsa dul san uaigh.

Ná malartaigh neamh ar baois;
Má staonann gheobhaidh tú cúiteamh.
An ní nach bhfaighinn tar éis bheith leat
Ní thabharfad uaim ar bhean, a bhean.

DÓNALL Ó LIATHAIDE
(f. 1000)

Blessings
(Abridged)

My blessings, woman, hear what I say:
Remember our date—Judgement Day!
All creation's doomed to fade;
I fear my going to the grave.

Do not barter heaven for pleasure;
Restrain yourself and you'll have grace.
What I would forfeit in lustful leisure
Is not worth losing for a pretty face.

Translation by
GABRIEL ROSENSTOCK

M'anam do Sgar Riomsa A-raoir

M'anam do sgar riomsa a-raoir,
  calann ghlan dob ionnsa i n-uaigh;
rugadh bruinne maordha mín
  is aonbhla lín uime uainn.

Do tógbhadh sgath aobhdha fhionn
  a-mach ar an bhfaongha bhfann:
laogh mo chridhise do chrom,
  craobh throm an tighise thall.

M'aonar a-nocht damhsa, a Dhé,
  olc an saoghal camsa ad-chí;
dob álainn trom an taoibh naoi
  do bhaoi sonn a-raoir, a Rí.

Truagh leam an leabasa thiar,
  mo pheall seadasa dhá snámh;
tárramair corp seada saor
  id folt claon, a leaba, id lár.

Do bhí duine go ndreich moill
  ina luighe ar leith mo phill;
gan bharamhail acht bláth cuill
  don sgáth duinn bhanamhail bhinn.

Maol Mheadha na malach ndonn
  mo dhabhach mheadha a-raon rom;
mo chridhe an sgáth do sgar riom,
  bláth mhionn arna car do chrom.

On the Death of His Wife

I parted from my life last night,
  A woman's body sunk in clay:
The tender bosom that I loved
  Wrapped in a sheet they took away.

The heavy blossom that had lit
  The ancient boughs is tossed and blown;
Hers was the burden of delight
  That long had weighed the old tree down.

And I am left alone tonight
  And desolate is the world I see
For lovely was that woman's weight
  That even last night had lain on me.

Weeping I look upon the place
  Where she used to rest her head—
For yesterday her body's length
  Reposed upon you too, my bed.

Yesterday that smiling face
  Upon one side of you was laid
That could match the hazel bloom
  In its dark delicate sweet shade.

Maelva of the shadowy brows
  Was the mead-cask at my side;
Fairest of all flowers that grow
  Was the beauty that has died.

Táinig an chlí as ar gcuing,
  agus dí ráinig mar roinn:
corp idir dá aisil inn
  ar dtocht don fhinn mhaisigh mhoill.

Leath mo throigheadh, leath mo thaobh,
  a dreach mar an droighean bán,
níor dhísle neach dhí ná dhún,
  leath mo shúl í, leath mo lámh.

Leath mo chuirp an choinneal naoi;
  's guirt riom do roinneadh, a Rí;
agá labhra is meirtneach mé—
  dob é ceirtleath m'anma í.

Mo chéadghrádh a dearc mhall mhór,
  déadbhán agus cam a cliabh:
nochar bhean a colann caomh
  ná a taobh ré fear romham riamh.

Fiche bliadhna inne ar-aon,
  fá binne gach bliadhna ar nglór,
go rug éinleanabh déag dhún,
  an ghéag úr mhéirleabhar mhór.

Is é rug uan í 'na ghrúg,
  Rí na sluagh is Rí na ród;
beag an cion do chúl na ngéag
  a héag ó a fior go húr óg.

Ionmhain lámh bhog do bhí sonn,
  a Rí na gclog is na gceall:
ach! An lámh nachar logh mionn,
  crádh liom gan a cor fám cheann.

MUIREADHACH ALBANACH Ó DÁLAIGH

(1180—1220)

My body's self deserts me now,
  The half of me that was her own,
Since all I knew of brightness died
  Half of me lingers, half is gone.

The face that was like hawthorn bloom
  Was my right foot and my right side;
And my right hand and my right eye
  Were no more mine than hers who died.

Poor is the share of me that's left
  Since half of me died with my wife;
I shudder at the words I speak;
  Dear God, that girl was half my life.

And our first look was her first love;
  No man had fondled ere I came
The little breasts so small and firm
  And the long body like a flame.

For twenty years we shared a home,
  Our converse milder with each year;
Eleven children in its time
  Did that tall stately body bear.

It was the King of hosts and roads
  Who snatched her from me in her prime:
Little she wished to leave alone
  The man she loved before her time.

Now King of churches and of bells,
  Though never raised to pledge a lie
That woman's hand—can it be true?—
  No more beneath my head will lie.

Translation by
FRANK O'CONNOR

Géisid Cúan

Géisid cúan
  ós buinne rúad Rinn Dá Bhárc:
bādud laích Locha Dá Chonn
  is ed chaínes tonn re trácht.

Luinchech corr
  i seiscenn Droma Dá Thrén:
sisi ní aincenn a bí—
  coinfíad dá lí for tí a hén.

Trúag in faíd
do-ní in smólach i nDruim Chaín;
  ocus ní nemthrúaige in scol
do-ní in lon i Leitir Laíg.

Trúag int séis
do-ní in dam i nDruim Dá Léis:
  marb eilit Droma Sílenn;
géisid dam dílenn dá héis.

Sáeth lim Cáel
do beith i richt mairb rem tháeb,
  tonn do thecht tar a tháeb ngel:
is ed rom-mer mét a áeb.

Trúag in gáir
do-ní tonn tráchta re tráig;
  ó ro báid fer ségda sáer
sáeth lim Cáel do dul 'na dáil.

Créide's Lament for Cael

The haven roars
over Reen dá Bharc's fierce stream
keening the drowned warrior—
the hero from Loch dá Chonn.

A heron cries
in the marsh of Drom dá Thréan
she cannot protect her young
from the fox who's on their trail.

Sad the cry
of the lone thrush in Dromkeen.
No less sad the blackbird's note
from his branch in Letterlee.

Sad the sound
the stag makes in Drom dá Léis,
dead the doe of Drom Síleann
a mighty stag now keens his mate.

Ill to me
that Cael lies lifeless by my side
swept from me by that drowning wave—
his beauty set my wits astray.

Sad the sound
of the rising tide on the strand
it has drowned a noble man.
Woe is me that Cael ever came here.

Trúag in fúaimm
do-ní in tonn risin trácht túaid,
  ac cenngail im charraic caín,
ac caíned Chaíl ó do-chúaid.

Trúag in tres
do-ní in tonn risin trácht tes;
  mise do-dechaid mo ré:
messaite mo gné (ro-fes).

Ó ro báided mac Crimthain
  nochan fuil m'inmain dá eis;
is mór tríath ro thuit le a láim;
  a scíath i ló gáid nír géis.

ANONYMOUS
(12th century)

Sad the roar
of the wave on the north shore
rioting round a great rock
lamenting Cael since he died.

Sad the strife
of the wave on the south beach.
Life for me has reached its ebb:
the bloom has faded from my cheek.

Since the drowning of Crimthan's heir
no one I love exists for me,
many a chief fell by his hand
but his shield never cried out in shame.

Translation by
SEÁN MAC MATHGHAMHNA

Croidhe Lán do Smuaintighthibh

Croidhe lán do smuaintighthibh
   tarla dhúinne ré n-imtheacht;
caidhe neach dá uaibhrighe
   ris nách sgar bean a intleacht?

Brón mar fhás na fíneamhna
   tarla oram re haimsir;
ní guth dhamhsa mímheanma
   tré a bhfaicthear dúinn do thaidhbhsibh.

Sgaradh eóin re fíoruisge,
   nó is múchadh gréine gile,
mo sgaradh re sníomhthuirse
   tar éis mo chompáin chridhe.

MÁNAS Ó DÓNAILL
(1500–1563)

A Heart Riddled with Thoughts

A heart riddled with thoughts
   since you have left;
Even the staunchest man
   of his reason would be bereft.

And like a vine my sorrow grows
   entangled with time;
I know no shame, torn
   by your image, sublime.

Like a bird rising from a lake
   or the quenching of the bright sun,
I am left in this worn-out state
   without my adored one.

Translation by
GABRIEL ROSENSTOCK

Soraidh Slán

Soraidh slán don oíche aréir,
Fada géar ag dul ar gcúl.
Dá ndáiltí mo chur i gcroich—
Trua nach í anocht a tús.

Atá dís sa teach seo anocht
Ar nach gceileann rosc a rún.
Cé nach bhfuil siad béal le béal,
Is géar géar silleadh a súl.

Och, ní ligfidh lucht na mbréag
Smid thar mo bhéal, a rosc mhall.
Tuig an ní a deir an tsúil
Agus tú sa chlúid úd thall:

'Coinnigh dúinn an oíche anocht,
Trua gan sinn mar seo go brách.
Ná lig an mhaidin isteach;
Éirigh, is cuir amach an lá.'

Och, a Mhuire! A bhuime sheang,
Ós tú is ceann ar gach cléir,
Tarrthaigh agus gabh mo lámh;
Soraidh slán don oíche aréir.

NIALL MÓR MAC MHUIRICH
(1550–1615)

A Long Farewell

A long farewell to last night,
Short-lived night of much pain.
Were I to swing on the gallows tomorrow
I would swallow that draught again.

There are two in this house tonight
And glances speak for the heart,
They may not be lip to lip
But each look pierces like a dart.

There's calumny and slander here,
I'll give them no cause for lies,
But, my dearest darling one,
You may read my eyes.

Keep this night for the two of us,
Let this precious moment stay.
Don't let the morning enter,
Rise, and put out the day!

Oh Virgin Mary, protectress,
Known to be always right,
Come, come and rescue us!
A long farewell to last night.

Translation by
GABRIEL ROSENSTOCK

A Bhean Lán de Stuaim

A bhean lán de stuaim,
    coingibh uaim do lámh;
ní fear gníomha sinn,
    cé taoi tinn dár ngrádh.

Féach ar liath dem fholt,
    féach mo chorp gan lúth
féach ar thraoch dem fhuil—
    créad re bhfuil do thnúth?

Ná saoil mé go saobh,
    arís ná claon do cheann;
bíodh ar ngrádh gan ghníomh
    go bráth, a shíodh sheang.

Druid do bhéal óm bhéal—
    doiligh an scéal do chor—
ná bíom cneas re cneas:
    tig ón teas an tol.

Do chúl craobhach cas,
    do rosc glas mar dhrúcht,
do chíoch chruinngheal bhláith,
    tharraingeas mían súl.

Gach gníomh ach gníomh cuirp
    is luighe id chuilt shuain
do-ghéan féin tréd ghrádh,
    a bhean lán de stuaim.

SEATHRÚN CÉITINN
(1570–1650)

Will You Be Sensible, Girl!

Will you be sensible, girl!
  And take that hand away;
I'm not the man for the task,
  Be love-sick as you may.

Look how my hair is gray,
  Bodily I'm unfit,
Even my blood runs slow—
  What can you hope from this?

Pray do not think me cruel,
  Oh! do not hang your head,
Of course I will always love
  You, but not in bed.

Let us break up this kiss,
  Tho' it be hard to say,
Let us forbear to touch,
  Warmth to desire gives way.

Your curly, clustered poll,
  Your eyes more green than dew,
Your fair white rounded breasts,
  These are incitements too.

Everything but the one—
  Sharing your body's quilt—
I would do for your love,
  Everything—short of guilt.

Translation by
MÁIRE MHAC AN TSAOI

Moladh Mná Ré n-a Fear Tar Éis a Thréigbheála

Dá ghealghlaic laga leabhra,
troighthe seada sítheamhla,
  dá ghlún nach gile sneachta—
  rún mo chridhe an chuideachta.

Trillse drithleacha ar lonnradh
taobh seang mar sról—
  braoithe mar ruainne rónda,
  gruaidhe naoidhe neamhónda.

Ní thig díom a chur i gcéill
díol molta dá dreach shoiléir,
  stuagh leanbhdha mhaordha mhálla
  mheardha aobhdha éadána.

D'éis gach radhairc dá bhfuair sinn
do mhearaigh go mór m'intinn
  ná raibhe suan i ndán damh;
  is trua mo dhál im dhúsgadh.

Dob usa gan éirghe dhamh
d'fhéachaint an tighe im thiomchal;
  ní bhfuair sinn a sompla ó shoin,
  inn fá dhorcha 'na deaghaidh.

ANONYMOUS
(16th century)

A Deserted Husband
Praises His Wife

The grace of your bright palms
Poise of your silken feet
Pale knees the snows cannot equal
These were my heart's deep.

In her hair the softest light
And satin slender were her limbs
Seal's fur the arches of her brows
Shadowing her cheek's fresh pink pearl.

Words I cannot find
To speak of her dawn epiphany
A woman childlike and grave
Tremulous and shy like a creature of the woods.

All such things in memory now are thrown
Into the mind's tormenting chamber,
My waking breath a condemnation
Sorrow my only contemplation.

Easier by far the day to spurn
Than turn my eyes on these four walls
She whose kind I never will embrace again
Who spreads around the darkness.

Translation by
NOEL GRIFFIN

Léig Díot t'Airm, a Mhacaoimh Mná

Léig díot t'airm, a mhacaoimh mná,
   muna fearr leat cách do lot;
muna léigir th'airmse dhíot,
   cuirfead bannaí dáirithe ort.

        Má chuireann tú th'airm ar gcúl,
           foiligh feasta do chúl cas,
        ná léig leis do bhrághaid bhán
           nár léig duine do chách as.

Má shíleann tú féin, a bhean,
   nár mharbhais aon theas ná thuaidh,
do mharbh silleadh do shúl rín
   cách uile gan scín gan tuaigh.

        Dar leat acht cé maol do ghlún,
           dar fós acht cé húr do ghlac,
        do loitsead a bhfacaidh iad—
           ní fearra dhuit sciath is ga.

Foiligh orm th'ucht mar aol,
   ná feicear fós do thaobh nocht;
ar ghrá Chríost ná feiceadh cách
   do chíogh rógheal mar bhláth dos.

        Foiligh orm do rosc rín,
           má théid ar mharbhais dínn leat;
        ar ghrá th'anma dún do bhéal,
           ná feiceadh aon do dhéad gheal.

Más leor leat ar chuiris tim,
   sul a gcuirthear sinn i gcré,
a bhean atá rem róchloí
   na hairm-sin díotsa léig.

PIARAS FEIRITÉAR (c. 1610–1653)

Lay Your Arms Aside

Gentlest of women, put your weapons by,
Unless you want to ruin all mankind;
Leave the assault or I must make reply,
Proclaiming that you are murderously inclined.
Put by your armour, lay your darts to rest,
Hide your soft hair and all its devious ways:
To see it lie in coils upon your breast
Poisons all hope and mercilessly slays.

Protest you never murdered in your life;
You lie: your hand's smooth touch, your well-shaped knee
Destroy as easily as axe or knife.
Your breasts like new spring flowers, your naked side
—I cry for aid to heaven—conceal from me;
Let shame for the destruction you have made
Hide your bright eyes, your shining teeth, away;
If all our sighs and trembling and dismay
Can touch your heart or satisfy your pride,
Gentlest of women, lay your arms aside.

Translation by
EILÉAN NÍ CHUILLEANÁIN

Is Aoibhinn Duit, a Dhuine Dhaill

Is aoibhinn duit, a dhuine dhaill
   nách faiceann puinn de na mnáibh;
och! dá bhfaicfeá a bhfaiceann sinn,
   do bheifeá tinn mar táim.

Is trua, a Dhia, nách dall do bhíos
   sul do chínn a cúl casta,
a corp sneachta slisgheal saor;
   och! is saoth liom mo bheatha.

Daoine dalla ba trua lium
   gur fhás mo ghuais tar phúir cháich;
tugas mo thrua, cé trua, ar thnúth;
   i lúib na lúb ag lúib a-táim.

Is mairg riamh do chonnairc í,
   's is mairg nách faiceann í gach lá;
is mairg ar a bhfuil snaidhm dá searc,
   's is mairg sgaoilte as a-tá.

Is mairg do théid dá fios,
   is mairg nách fuil dá fios do ghnáth;
is mairg duine bhíodh 'na haice,
   's is mairg nách 'na haice tá.

LIAM RUA MAC COITIR
$(1690-1738)$

It's Well For You, Blind Man

It's well for you, blind man,
   women folk you've never seen;
if you had my two eyes
   you'd be as sick as I've been.

God, what a pity I wasn't blind
   before I saw her curling hair
and limber body all of snow—
   oh! my world is bare!

Blind people I used to pity
   before my pain became too much;
pity now has turned to envy
   since being in her clutch.

I pity those who've seen her,
   who don't see her every day;
I pity all ensnared by her
   and those who get away!

Alas for those who go to meet her
   and those she's never known
and those who go to greet her—
   and those she's left alone!

Translation by
GABRIEL ROSENSTOCK

Amhairc

Duibhe id mhailghibh, gríos id ghruadhaibh,
   gurma id roscaibh, réidhe i t'fholt,
gaoth ag iomramh do chúil chraobhaigh,
   úidh fhionnbhan an aonaigh ort.

Mná fear nach n-aidmheochadh t'fhéachaint
   ar th'aghaidh ag fí a bhfolt;
slí ag méaraibh tré dhlaoi dhaghfhuilt
   ag mnaoi ag déanamh amhairc ort.

ANONYMOUS
(17th century)

◙ ◙ ◙

Bréag

Cuireadh bréag ar an mbás,
Ní mar a deirtear atá a ghoimh;
Díal a loiscthe lucht na mbréag!
Mairg a chreidfeadh a scéal sin!

Éagóir a dúradh leis riamh,
An lá is measa a bheidh do chách,
Dar ndóigh, a dhuine gan chéill,
Is cairdiúla é ná an grá.

ANONYMOUS
(17th century)

Glances

Brows of jet and cheeks aglow,
   blue of eye and silk of hair
through which now the breezes blow
   —women watch you at the fair!

Wives pretend they're unaware
   plaiting their hair as you pass by;
one of them—aha! a stare
   from the corner of her eye!

Translation by
GABRIEL ROSENSTOCK

A Lie

Death is all a lie,
Its sting is not so bad;
May the liars burn and die!
Those who believe have been had!

It's been said and wrongly so
To be dead is worst of all,
Pure nonsense, as you know
Far worse is love's gall.

Translation by
GABRIEL ROSENSTOCK

Ní bhFuighe Mise Bás Duit

Ní bhfuighe mise bás duit
  a bhean úd an chuirp mar ghéis;
daoine leamha ar mharbhais riamh,
  ní hionann iad is mé féin.

Créad umá rachainn-se d'éag
  don bhéal dearg, don déad mar bhláth?
An crobh míolla, an t-ucht mar aol
  an dáibh do-gheabhainn féin bás?

Do mhéin aobhdha, th'aigneadh saor,
  a bhas thana, a thaobh mar chuip,
a rosc gorm, a bhráighe bhán,
  ní bhfuighe mise bás duit.

Do chíocha corra, a chneas úr
  do ghruaidh chorcra, do chúl fiar—
go deimhin ní bhfuighead bás
  dóibh sin go madh háil le Dia.

Do mhala chaol, t'fholt mar ór,
  do rún geanmaidh, do ghlór leasc,
do shál chruinn, do cholpa réidh—
  ní mhuirbhfeadh siad acht duine leamh.

A bhean úd an chuirp mar ghéis
  do hoileadh mé ag duine glic;
aithne dhamh mar bhíd na mná;
  ní bhfuighe mise bás duit!

ANONYMOUS
(17th century)

I Shall Not Die For Thee

O woman, shapely as the swan,
On your account I shall not die:
The men you've slain—a trivial clan—
Were less than I.

I ask me shall I die for these—
For blossom-teeth and scarlet lips?
And shall that delicate swan shape
Bring me eclipse?

Well-shaped the breasts and smooth the skin,
The cheeks are fair, the tresses free—
And yet I shall not suffer death—
God over me!

Those even brows, that hair like gold,
Those languorous tones, that virgin way—
The flowing limbs, the rounded heel
Slight men betray!

Thy spirit keen through radiant mien,
Thy shining throat and smiling eye,
Thy little palm, thy side like foam—
I cannot die!

O woman shapely as the swan,
In a cunning house hard-reared was I:
O bosom white, O well-shaped palm,
I shall not die!

Translation by
PADRAIC COLUM

Meabhraigh Mo Laoidh Chumainnse

Meabhraigh mo laoidh chumainnse,
  a bhean an chumainn bhréige:
fuilngim feasta, is fulaingse
  bheith i bhféagmhais a chéile.

Teacht orm dá gcluinese
  i dtithibh móra ná i mbothaibh,
le cách orm ná cuiridhse,
  ná cáin mé is ná cosain.

I dteampall ná i mainistir,
  cé madh reilig nó réadmhagh,
dá bhfaice ná dá bhfaicearsa
  ná féach orm is ní fhéachfad.

Ná habair, is ní aibéarsa
  m'ainm ná fáth mo shloinnte;
ná hadaimh is ní aidéamhsa
  go bhfacas tú riamh roimhe.

ANONYMOUS
(17th century)

Think Upon My Song of Love

Think upon my song of love
   Lady in love untrue!
Let us suffer each other's loss,
   I and you.

Should they mention my name
   In houses big or small
Do not praise or blame me,
   Say nothing at all.

In a church, or abbey,
   The graveyard or open plain
Should I see you, or you me,
   Let it be with disdain.

Say not, nor shall I,
   Who my father is, my mother,
Don't admit, nor shall I,
   That we know one another.

Translation by
GABRIEL ROSENSTOCK

Caoineadh Airt Uí Laoire
(Abridged)

Mo ghrá go daingean tu!
Lá dá bhfaca thu
Ag ceann tí an mhargaidh
Thug mo shúil aire dhuit,
Thug mo chroí taitneamh duit,
D'éalaíos óm athair leat
I bhfad ó bhaile leat.

Is domhsa nárbh aithreach:
Chuiris parlús á ghealadh dhom
Rúmanna á mbreacadh dhom
Bácús á dheargadh dhom
Brící á gceapadh dhom
Rósta ar bhearaibh dom
Mairt á leagadh dhom;
Codladh i gclúmh lachan dom
Go dtíodh an t-eadartha
Nó thairis dá dtaitneadh liom.

Mo chara go daingean tu!
Is cuimhin le m'aigne
An lá breá earraigh úd,
Gur bhreá thíodh hata dhuit
Faoi bhanda óir tarraingthe,
Claíomh cinn airgid—
Lámh dheas chalma—
Rompsáil bhagarthach—
Fír-chritheagla
Ar námhaid chealgach—

The Lament for Art O'Leary
(Abridged)

My love to you forever
On that day I saw you
Standing at the markethouse
My eyes they claimed you
My heart longed for you
And I fled my father's house with you
Far far from home.

I did not regret it
For you whitened a parlour for me
Decorated rooms for me
Fired up ovens for me
Baked loaves for me
Spitted joints for me
Slaughtered bullocks for me;
And to slumber in duck down
Till late morning milking time
And later if I wished.

My friend forever!
I never will forget
That fine spring day
How your hat became you
With its band of gold
Your silver-hilted sword—
Your brave right hand—
Your horse proud prancing—
Impressing your foes
And when you cantered by

Tú i gcóir chun falaracht,
Is each caol ceannann fút.
D'umhlaídís Sasanaigh
Síos go talamh duit,
Is ní ar mhaithe leat
Ach le haonchorp eagla,
Cé gur leo a cailleadh tu,
A mhuirnín mh'anama.

*****

Mo chara thu go daingean!
Is nuair thiocfaidh chugham abhaile
Conchúr beag an cheana
Is Fear Ó Laoire, an leanbh,
Fiafróid díom go tapaidh
Cár fhágas féin a n-athair.
'Neosad dóibh faoi mhairg
Gur fhágas i gCill na Martar.
Glaofaidh siad ar a n-athair,
Is ní bheidh sé acu le freagairt.

Mo chara thu go daingean!
Is níor chreideas riamh dod mharbh
Gur tháinig chugham do chapall
Is a srianta léi go talamh,
Is fuil do chroí ar a leacain
Siar go t'iallait ghreanta
Mar a mbítheá id shuí 's id sheasamh.
Thugas léim go tairsigh,
An dara léim go geata,
An tríú léim ar do chapall.

On a graceful white horse
The English bowed before you
Not with respect
But in cowering dread
Though you died at their hands,
Sweet darling of my soul!

*****

My friend forever!
When they get home
Little loving Conor
And Fear O'Leary, the child,
Will want to know so quickly
Where I left their father
And I will say in sorrow
That I left him in Killnamartyr
And they will call out to their father
Who ne'er again will answer.

My love forever!
I never thought of you dead
Till your horse came home
Trailing her reins
And your heartsblood smeared
From her face to tooled saddle
Where you used to sit and stand.
I gave one jump to the threshold
The next to the gate
The third astride your horse.

Do bhuaileas go luath mo bhasa
Is do bhaineas as na reathaibh
Chomh maith is bhí sé agam,
Go bhfuaras romham tu marbh
Cois toirín ísil aitinn,
Gan Pápa gan easpag,
Gan cléireach gan sagart
Do léifeadh ort an tsailm,
Ach seanbhean chríonna chaite
Do leath ort binn dá fallaing—
Do chuid fola leat 'na sraithibh;
Is níor fhanas le hí ghlanadh
Ach í ól suas lem basaibh.

Mo ghrá thu go daingean!
Is éirigh suas id sheasamh
Is tar liom féin abhaile,
Go gcuirfeam mairt á leagadh,
Go nglaofam ar chóisir fhairsing,
Go mbeidh againn ceol á spreagadh,
Go gcóireod duitse leaba
Faoi bhairlíní geala,
Faoi chuilteanna breátha breaca,
A bhainfidh asat allas
In ionad an fhuachta a ghlacais.

Deirfiúr Airt
Mo chara is mo stór tu!
Is mó bean chumtha chórach
Ó Chorcaigh na seolta
Do thabharfadh macha mór bó dhuit

I clapped my hands
And galloped off
As fast as was in me
Till I found you dead
Beside a little furze bush
Without a pope or a bishop
Cleric or priest
Who might read a psalm for you
But a tired old woman
Who spread her cloak upon you
As your blood gushed forth
I did not stop to wipe it
But drank it up in handfuls.

Love of my heart forever!
Rise up from where you are
And come with me back home
Where we will roast a bullock
And round up a gathering
And we'll have music throbbing
And I'll make up a bed for you
Of bright snowy sheets
And fine coloured quilts
To gently warm you
Instead of the deathly cold that's on you now.

Art's sister speaks:
My love and my treasure
You could have had women
From Cork of the sails
To Tomey Bridge

Go Droichead na Tóime,
Agus dorn buí-óir duit,
Ná raghadh a chodladh 'na seomra
Oíche do thórraimh.

Eibhlín Dubh
Mo chara is m' uan tu!
Is ná creid sin uathu,
Ná an cogar a fuarais,
Ná an scéal fir fuatha,
Gur a chodladh a chuas-sa.
Níor throm suan dom:
Ach bhí do linbh róbhuartha,
'S do theastaigh sé uathu
Iad a chur chun suaimhnis.

A dhaoine na n-ae istigh,
Bhfuil aon bhean in Éirinn,
Ó luí na gréine,
A shínfeadh a taobh leis,
Do bhéarfadh trí lao dho,
Ná raghadh le craobhacha
I ndiaidh Airt Uí Laoire
Atá anso traochta
Ó mhaidin inné agam?
M'fhada-chreach léan-ghoirt
Ná rabhas-sa taobh leat
Nuair lámhadh an piléar leat,
Go ngeobhainn é im thaobh dheas
Nó i mbinn mo léine,

With dowries of gold
And paddocks full of cows
Who would not have slumbered on in their room
The night of your wake.

Eileen speaks:
Gentle lamb, my darling,
Heed not their words
Nor the spiteful rumours
Nor that evil whisper
That I slept.
It was far from sleep I was
With your children grieving
And they imploring me
To lull them to sleep.
My dear, dear people,
Is there a woman in the land
Who had slept with him
At nightfall
And presented him three darlings
That would not lose her mind
On beholding Art O'Leary
Here limp and lifeless
Since yester morn?

It is my bitter plunder
That I was not with you
When they fired at you
To take the bullet in the folds of my dress
Or in my heart

Is go léigfinn cead slé' leat
A mharcaigh na ré-ghlac.

*****

Mo chara thu is mo shearc-mhaoin!
Is gránna an chóir a chur ar ghaiscíoch
Comhra agus caipín,
Ar mharcach an dea-chroí
A bhíodh ag iascaireacht ar ghlaisíbh
Agus ag ól ar hallaíbh
I bhfarradh mná na ngeal-chíoch.
Mo mhíle mearaí
Mar a chailleas do thaithí.

Greadadh chughat is díth
A Mhorris ghránna an fhill!
A bhain díom fear mo thí
Athair mo leanbh gan aois:
Dís acu ag siúl an tí,
'S an tríú duine acu istigh im chlí,
Agus is dócha ná cuirfead díom.

*****

Mo chara thu is mo chuid!
A mharcaigh an chlaímh ghil,
Éirigh suas anois,
Cuir ort do chulaith
Éadaigh uasail ghlain,
Cuir ort do bhéabhar dubh,
Tarraing do lámhainní umat.
Siúd í in airde t'fhuip;

That way you would have reached the hills
Dear horseman of the eager hands!

*****

My friend and love treasure!
What a way to treat a hero!
Hooded in a coffin!
Horseman of the stout heart
Who fished the streams
Drank in the halls
In the company of snowy-breasted women
My thousand distractions!
For I have lost a friend.

Want and destruction I wish you
Vile Morris, twister
Who stole away my man forever
Father of my children
Two playing about
The third within me
That I might not have.

*****

My friend and my darling!
Ah, my silver-sworded horseman
Rise up and don
Your finest clothes
Wear your black beaver
And your gauntlets.
Yonder hangs your whip
And your mare's outside.

Sin í do láir amuigh.
Buail-se an bóthar caol úd soir
Mar a maolóidh romhat na toir,
Mar a gcaolóidh romhat an sruth,
Mar a n-umhlóidh romhat mná is fir,
Má tá a mbéasa féin acu—
'S is baolach liomsa ná fuil anois . . .

EIBHLÍN DUBH NÍ CHONAILL
(1743–1800)

Hit that road east
Where bushes will make way for you
And all streams shallow for you
And men and women bow to you
That's if they have the old gallantry
About which I have my doubts . . .

Translation by
SEÁN MAC MATHÚNA

Bá an tSagairt

Do ghoirfinn tú ó uaill slua sleachta aoibhinn Máighe
is ó their na mban rua cruagheasach bhíos 'na bpáirt,
i ndeireadh mo dhuain fuagraim nach cinnte d'fháil
ón eiliric fhuar chruareangach bhíos id dháil.

I ndáil oíche is crá croí liom do leaba i gcúinne
is do dhá chíoch gheala ag síorphreabadh cheal a mbrúite,
do lámha sínte is gan ní ar bith le tabhairt iontu
is gan acht fás síos ar an ní úd do rachadh chúdsa.

Chúdsa 'ainnir do rachainn gan faillí id dhún
mar shúil go scaipfinnse sealad dod cheasnaíl rúin,
acht cúnradh trasna do cheangail an aibíd liúm
gan súgradh an chnaiste do chleachtadh 's is daithníd dúinn.

Gach bíog obann id chodladh do thaithíos tú,
gach síneadh coise gach dola gach ceasnaíl dhubhach
mar dhíon ón osna atá ag toghladh do ghealchroí anúnn
is fíor gur comhthrom dhuit foscadh na haibíd úd.

Mo dhiomása an leannánsa dod chur in éaglaigh
is gan fáil ar do shásamh ná an oiread éille
' chuirfeadh ard beag fád shála ar an mbuille déanach,
is mo lámh dhuit go mb'fhearrde thu do chur fám éide.

UILLIAM MAC GEARAILT
(fl. 1760)

The Priest Regrets

I could silence the cry of the Fairy Hosts
And their red-headed witches who drift on the Maigue—
As a priest, I could scatter that grotesque parade.

But that ice-loined tailor, limp in your bed,
Who hasn't a stitch of a move in his head—
I confess I haven't the spell to remove.

I am broken to think of your unbroken web
And those generous breasts that heave to be pressed—
Such warm flesh uncoupled, a warm heart depressed.

> *Your white fingers trembling*
> *Your pulse racing wild,*
> *And your tailor tucked in*
> *Like an innocent child.*

I would willingly dock my own throbbing part
To relieve the coldness, the pain in your heart—
But my celibate habit dictates a restrain.

And from that cold affliction—that rot—
Within the covering of this habit
Our love could find protection, or not.

Translation by
MICHAEL SLATTERY

As Máire Ní Eidhin

'S ag triall chun Aifrinn dom le toil na ngrása,
   bhí an lá ag báistigh 'gus d'ardaigh an ghaoth
casadh an bhruinneall dhom le hais Chill Tártan
   agus thit mé láithreach i ngrá le mnaoi;
d'umhlaíos síos di go múinte mánla
   's do réir a cálach do fhreagair sí;
's dúirt an ainnir liom. "Beidh m'intinn sásta
   agus gluais go lá liom go Baile Uí Lí."

Níor mheas mé an tairiscint a ligean ar cairde,
   b'ait liom trácht air's do gheit mo chroí;
ní raibh le dhul againn ach trasna páirce
   agus thug an lá sinn go tóin an tí;
do shocraigh solas chugham, gloine's cárta
   agus cúilín fáinneach lem ais 'na suí;
's é dúirt sí, "A Raifteirí, bí ag ól is céad fáilte,
   tá soiléar láidir i mBaile Uí Lí."

Dá siúlfá Sasana's an Fhrainc le chéile,
   an Spáinn, an Ghréig is ar d'ais arís,
ó bhruach Loch Gréine go béal Loch Éirne
   's ní fheicfeá féirín ar bith mar í;
a grua trí lasadh 's a mailí caola,
   a haghaidh dá réir sin 's a béal deas faoi,
scoth ban Éireann, 's ar ucht an scéil sin
   thug mé an svae dhuit I mBaile Uí Lí.

From **Mary Hynes**

Going to Mass by the heavenly mercy,
   The day was rainy, the wind was wild;
I met a lady beside Kiltartan
   And fell in love with the lovely child;
My conversation was free and easy,
   And graciously she answered me
"Raftery dear, 'tis yourself that's welcome,
   So step beside me to Ballylee."

This invitation there was no denying,
   I laughed with joy and my poor heart beat;
We had but to walk across a meadow,
   And in her dwelling I took my seat.
There was laid table with a jug and glasses,
   And that sweet maiden sat down by me—
"Raftery drink and don't spare the liquor;
   There's a lengthy cellar in Ballylee."

If I should travel France and England,
   And Spain and Greece and return once more
To study Ireland to the northern ocean,
   I would find no morsel the like of her.
If I was married to that youthful beauty
   I'd follow her through the open sea,
And wander coasts and winding roads
   With the shining pearl of Ballylee.

De mhullach sléibhe nach aoibinn aerach
　　an ní bheith ag féachaint ar Bhaile Uí Lí,
ag siúl trí choillte ag baint cnó 'gus sméara,
　　's gur geall glór éan ann le ceolta sí?
Cén bhrí an méid sin go bhfaighfeá léargas
　　ar bhláth na gcraobh 'tá lena thaoibh?
's níl gar dhá shéanadh níos faide ar aon neach,
　　a spéir na gréine, 's tú grá mo chroí.

A réalt an tsolais 'sa a ghrian an fhómhair,
　　a chúilín ómra 's a chuid den tsaol,
siúil in uaigneas liom go ndéanam comhairle
　　fá choinne an Domhnaigh cá mbeam 'nár suí;
níor mhór liom ceol duit gach aon tráthnóna,
　　punch ar bord is dá n-ólfá, fíon;
ach'Rí na Glóire go dtriomaí an bóthar
　　go bhfaighe mé an t-eolas go Baile Uí Lí.

ANTAINE Ó REACHTABHRA (RAFTERY)
(1784–1835)

'Tis fine and bright on the mountainside,
    Looking down on Ballylee,
You can walk the woods, picking nuts and berries,
    And hear the birds sing merrily;
But where's the good if you got no tidings
    Of the flowering branch that resides below—
O summer sky, there's no denying
    It is for you that I ramble so.

My star of beauty, my sun of autumn,
    My golden hair, O my share of life!
Will you come with me this coming Sunday
    And tell the priest you will be my wife?
I'd not grudge you music, nor a feast at evening,
    Nor punch nor wine, if you'd have it be,
And King of Glory, dry up the roadway
    Till I find my posy at Ballylee!

Translation by
FRANK O'CONNOR

Caoineadh Mhuire
(Abridged)

A Pheadair, a aspail, an bhfaca tú mo ghrá geal?
  m'ochón agus m'ochón ó!
chonaic mé ar ball é i lár a námhad.
  m'ochón agus m'ochón ó!

Cé hé an fear bréa sin ar chrann na Páise?
  m'ochón agus m'ochón ó!
an é nach n-aithníonn tú do Mhac, a Mháthair?
  m'ochón agus m'ochón ó!

An é sin an Maicín d'iompair mé trí ráithe?
  m'ochón agus m'ochón ó!
nó an é sin an Maicín a rugadh sa stábla?
  m'ochón agus m'ochón ó!

Maise éist, a Mháithrín, is ná bí cráite,
  m'ochón agus m'ochón ó!
tá mná mo chaointe le breith fós, a Mháithrín.
  m'ochón agus m'ochón ó!

ANONYMOUS
(18–19th century)

Mary's Keen

Peter, Apostle, have you seen my love so bright?
  M'ochón agus m'ochón ó!
I saw him with his enemies—a harrowing sight!
  M'ochón agus m'ochón ó!

Who is that fine man upon the Passion Tree?
  M'ochón agus m'ochón ó!
It is your Son, dear Mother, know you not me?
  M'ochón agus m'ochón ó!

Is that the wee babe I bore nine months in my womb?
  M'ochón agus m'ochón ó!
That was born in a stable when no house would give us room
  M'ochón agus m'ochón ó!

Mother, be quiet, let not your heart be torn.
  M'ochón agus m'ochón ó!
My keening women, mother, are yet to be born!
  M'ochón agus m'ochón ó!

Translation by
GABRIEL ROSENSTOCK

Má Thagann Tú

Má thagann tú choíce
ná tar ach san oíche,
is siúil go réidh
is ná scanraigh mé:
gheobhaidh tú an eochair
faoi sháil an dorais,
is mé liom féin
is ná scanraigh mé.

Níl pota sa mbealach
ná stól ná canna,
ná súgán féir
ná ní faoin ngréin;
tá an mada chomh socair
nach labharfaidh sé focal—
ní náir dó é,
is maith mhúin mise é.

Tá mo mhaimí 'na codladh
is mo dhaidí á bogadh,
is ag pógadh a béil
is ag pógadh a béil;
nach aoibhinn di-se
is nach trua leat mise
'mo luí liom féin
ar chlúmh na n-éan.

ANONYMOUS
(18–19th century)

If You Come

If you come at all
Come only at night,
Tread ever so warily
And please don't scare me.
Under the door
You'll find the key
And I'll be alone—
Don't frighten me!

No pot in your way
Not a stool or a can
Or a rope of hay
Not a pin, man!
The dog is so tame
He won't bat an eye—
And where's the shame,
I trained him, didn't I?

Mother's asleep
Dad's hands on her hips,
Kissing her mouth,
Her slow-opening lips.
Ah now, it's fine for her!
But my heart is lead—
Lying on my own
In a feathery bed.

Translation by
GABRIEL ROSENSTOCK

A Ógánaigh an Chúil Cheangailte

A ógánaigh an chúil cheangailte
  le raibh mé seal in éineacht,
chuaidh tú aréir an bealach seo
  is ní tháinic tú dom fhéachaint.
Shíl mé nach ndéanfaí dochar duit
  dá dtagthá agus mé d'iarraidh,
is gurb í do phóigín a thabharfadh sólás dom
  dá mbeinn i lár an fhiabhrais.

Dá mbeadh maoin agamsa
  agus airgead 'mo phóca,
dhéanfainn bóithrín aicearrach
  go doras tí mo stóirín,
mar shúil le Dia go gcluinfinnse
  torann binn a bhróige,
's is fada ón lá 'nar chodail mé
  ach ag súil le blas a phóige.

Agus shíl mé, a stóirín,
  go mba gealach agus grian thú,
agus shíl mé 'na dhiaidh sin
  go mba sneachta ar an tsliabh thú,
agus shíl mé ina dhiaidh sin
  go mba lóchrann ó Dhia thú,
nó go mba tú an réalt eolais
  ag dul romham is 'mo dhiaidh thú.

Ringleted Youth of My Love

Ringleted youth of my love,
With thy locks bound loosely behind thee,
You passed by the road above,
But you never came in to find me;
Where were the harm for you
If you came for a little to see me,
Your kiss is a wakening dew
Were I ever so ill or so dreamy.

If I had golden store
I would make a nice little boreen,
To lead straight up to his door,
The door of the house of my storeen;
Hoping to God not to miss
The sound of his footfall in it,
I have waited so long for his kiss
That for days I have slept not a minute.

I thought, O my love! you were so—
As the moon is, or sun on a fountain,
And I thought after that you were snow,
The cold snow on top of the mountain;
And I thought after that, you were more
Like God's lamp shining to find me,
Or the bright star of knowledge before,
And the star of knowledge behind me.

Gheall tú síoda is saitin dom
   callaí agus bróga arda
is gheall tú tar a éis sin
   go leanfá tríd an tsnámh mé.
Ní mar sin atá mé
   ach 'mo sceach i mbéal bearna
gach nóin agus gach maidin
   ag féachaint tí mo mháthar.

ANONYMOUS
(18–19th century)

Ceann Dubh Dílis

A chinn duibh dhílis dhílis dhílis,
   cuir do lámh mhín gheal tharm anall;
a bhéilín meala a bhfuil baladh na tíme air,
   's duine gan chroí nach dtiúrfadh dhuit grá!

Tá cailíní ar an mbaile seo ar buile is ar buaireamh,
   ag tarraingt a ngruaige is á ligean le gaoith,
ar mo shonsa an scafaire is fearr ins na tuatha,
   ach thréigfinn an méid sin ar rún dil mo chroí.

'S a chinn duibh dhílis dhílis dhílis,
   cuir do lámh mhín gheal tharm anall;
a bhéilín meala a bhfuil baladh na tíme air,
   's duine gan chroí nach dtiúrfadh dhuit grá!

ANONYMOUS
(18–19th century)

You promised me high-heeled shoes,
And satin and silk, my storeen,
And to follow me, never to lose,
Though the ocean were round us roaring.
Like a bush in a gap or a wall
I am now left lonely without thee,
And this house I grow dead of, is all
That I see around or about me.

Translation by
DOUGLAS HYDE

Dear Dark Head

Dear dark head, darling mine,
   put your arm around me, soft and white;
your honey-mouth, your breath of thyme—
   who could not love you tonight!

The girls in this village are acting quite mad,
   tearing their hair out with many a moan
and all just for me, the luckiest lad,
   but if you're not for me then I'll live all alone.

Dear dark head, darling mine,
   put your arm around me, soft and white;
your honey-mouth, your breath of thyme—
   who could not love you tonight!

Translation by
GABRIEL ROSENSTOCK

Dónall Óg

A Dhónaill Óig, má théir thar farraige,
Beir mé féin leat, as ná déan mo dhearmad;
As beidh agat féirín lá aonaigh is margaidh,
Is iníon Rí Gréige mar chéile leapa agat.

Má théir-se anonn, tá comhartha agam ort:
Tá cúl fionn agus dhá shúil ghlasa agat,
Dhá chocán déag i do chúl buí bachallach,
Mar bheadh béal na bó nó rós i ngarraithe.

Is déanach aréir do labhair an gadhar ort,
Do labhair an naoscach sa churraichín doimhin ort,
Is tú id chaonaí aonair ar fud na gcoillte,
Is go rabhair gan chéile go héag go bhfaghair me!

Do gheallais domhsa, agus d'innsis bréag dom,
Go mbeitheá romham-sa ag cró na gcaorach;
Do leigeas fead agus trí chéad glaoch chugat,
Is ní bhfuaras ann ach uan ag méiligh.

Do gheallais domhsa ní ba dheacair duit:
Loingeas óir fá chrann seoil airgid,
Dhá bhaile dhéag de bhailtibh margaidh,
Is cúirt bhreá aolga cois taobh na farraige.

Do gheallais domhsa ní nárbh fhéidir,
Go dtabharfá lámhainne de chroiceann éisc dom,
Go dtabharfá bróga de chroiceann éan dom,
Is culaith den tsíoda ba dhaoire in Éirinn.

Donal Ogue

Donal Ogue, if you cross the water
Take me with you and don't forget to,
At fair and market you shall have a fairing
And the Greek King's daughter for your bed-companion.

If you go away I've a way to know you:
Two green eyes and the bright fair head of you,
A dozen curls on your top-knot clustering
Like a bright yellow flag or a rose in flowering.

And late last night the watchdog spoke of you,
The snipe declared you in the deepest bogland,
And you, all alone, gone through the woodlands . . .
And be lonely always until you marry me.

You made a promise, and you told a lie then,
To come and meet me where sheep are folded,
I whistled loud and I shouted often
With no reply but a small lamb bleating.

You made a promise, one of difficulty,
Ships of gold all rigged with silver,
A dozen towns, in each a market,
And a limewhite palace beside the seashore.

You made a promise, a thing unlikely,
That you would give me fine gloves of fishskin,
That you would give me fine shoes of birdskin,
And a suit of silk the dearest in Erin.

A Dhónaill Óig, b'fhearr duit mise agat
Ná bean uasal uaibhreach iomarcach;
Do chrúfainn bó is do dhéanfainn cuigeann duit,
Is dá mba chruaidh é bhuailfinn buille leat.

Och, ochón! agus ní le hocras,
Uireasa bí, dí ná codlata
Fá ndear domhsa bheith tanaí triuchalga,
Ach grá fir óig is é bhreoigh go follas mé.

Is moch ar maidin do chonnacsa an t-óigfhear
Ar muin chapaill ag gabháil an bhóthair,
Níor dhruid sé liom is níor chuir ná stró orm,
Is ar mo chasadh abhaile dhom sea ghoileas mo dhóthain.

Nuair théimse féin go Tobar an Uaignis
Suím síos ag déanamh buartha,
Nuair chím an saol is ná feicim mo bhuachaill,
Go raibh scáil an ómair i mbarr a ghruanna.

Siúd é an Domhnach do thugas grá duit,
An Domhnach díreach roimh Dhomhnach Cásca,
Is mise ar mo ghlúinibh ag léamh na Páise,
Sea bhí mo dhá shúil ag síorthabhairt an ghrá dhuit.

Dúirt mo mháithrín liom gan labhairt leat
Inniu ná amárach ná Dia Domhnaigh.
Is olc an tráth do thug sí rabhadh dom
'S é dúnadh an dorais é i ndiaidh na foghla.

Oh Donal Ogue, I'd suit you better
Than a noble lady proud and haughty,
I'd milk the cow and I'd turn the churn for you,
And if things were difficult I'd strike a blow for you.

Oh my grief! And it's not the hunger,
The want of food, drink, or sleep enough
That has left me so thin and perishing,
But a young man's love that has surely wasted me.

At early morning I sighted my truelove
Up on horseback riding the roadway,
He passed me by and he didn't call me,
On returning home again I was crying sorely.

When by myself at the Well of Loneliness
Sitting down I make my sorrowing,
I see the world and no trace of my darling
With the glow of amber on his warm cheeks shining.

That was the Sunday I gave my love to you,
The very Sunday before Easter Sunday,
I was reading the Passion on my knees devoutly
And yet my eyes were sending love to you.

Mother said to me not to speak to you
Today nor tomorrow nor on the Sunday,
But bad the time she chose for telling me,
'Twas locking the door up after the robbery.

Ó a dhe, a mháithrín, tabhair mé féin dó.
Is tabhair a bhfuil agat den tsaol go léir dó,
Éirigh féin ag iarraidh déirce,
Agus ná gabh siar ná aniar ar m'éileamh.

Tá mo chroíse chomh dubh le hairne
Nó le gual dubh a bheadh i gceárta
Nó le bonn bróige bheadh ar hallaí bána
'S gur dheinis lionn dubh dhíom os cionn mo shláinte.

Do bhainis soir dhíom, is do bhainis siar dhíom,
Do bhainis romham is do bhainis im' dhiaidh dhíom,
Do bhainis gealach is do bhainis grian díom,
'S is ró-mhór m'eagla gur bhainis Dia dhíom.

ANONYMOUS
(18–19th century)

Mother, my little one, give me to him,
And also give to him all of your property,
Out yourself and beg for charity
And don't come East or West to find me.

My heart is black as a sloe inside me,
Or the blackest coal that's in the forge there,
Or a dark footprint in the gleaming hallways,
And 'twas you that turned my life so black and bitter.

You've taken East from me and you've taken West from
me,
And what's before me and what's behind me,
You've taken sun from me and you've taken moon from me,
And my fear is terrible you've taken God from me.

Translation by
SEÁN LUCY

An Droighneán Donn
(Abridged)

Agus fuair mé féirin lá aonaigh ó bhuachaill deas
agus céad póg ina dhiaidh sin ó phlúr na bhfear,
lá léin ar an té adéarfaidh nach tú mo ghean
agus ina dhéidh sin nach deas mar d'éalóinn faoi na coillte leat.

Agus síleann céad fear gur leo fhéin mé nuair a ólaim leann,
is téann a dhá thrian síos díom nuair a smaoiním ar do
     chomhrá liom,
sneachta séite is é dhá shíorchur ar Shliabh Uí Fhloinn
is go bhfuil mo ghrása mar bhláth na n-airní ar an Droighneán
     Donn.

Dá mbeinn i mo bhádóir is deas mar a shnámhfainn an
     fharraige anonn
is do scríobhfainn cúpla líne ar bharr mo phinn,
faraoir géar gan mé 'gus tú a ghrá mo chroí
i ngleanntán sléibhe le héirí gréine 'san drúcht ina luí.

ANONYMOUS
(18–19th century)

The Flowering Sloe
(Abridged)

A pleasant lad gave me a present on market day
And after that a hundred kisses—it's no lie I say;
Woe betide the one who says you're not my love;
And I'd court you in the woods as sure as there's a God
      above.

A hundred men would have me when they see me drinking ale
But I recall your words and shiver and grow pale;
The mountain side is whitening with the cold blown snow—
And my darling is as fair as the flowering sloe!

Were I a boatman I would hurry across the main
And were I a poet I would write down all my pain:
A pity the dawn won't see us lying down side by side
In some secluded dewy glen—and nothing to hide!

Translation by
GABRIEL ROSENSTOCK

Is Trua Gan Mise i Sasana

Is trua gan mise i Sasana
agus duine amháin as Éirinn liom,
nó amuigh i lár na farraige
in áit a gcailltear na mílte long,

an ghaoth agus an fhearthainn
bheith 'mo sheoladh ó thoinn go toinn—
is, a Rí, go seola tú mise
ins an áit a bhfuil mo ghrá 'na luí.

ANONYMOUS
(18–19th century)

A Pity I'm Not in England

A pity I'm not in England,
An Irish lass by my side,
Or out on the deep ocean
Where sunken ships hide,

With the wind and the driving rain
I'd range across the deep,
King of Heaven guide me
To where my love's asleep.

Translation by
GABRIEL ROSENSTOCK

Mo Bhrón ar an bhFarraige

Mo bhrón an bhfarraige,
is í atá mór,
's í ag gabháil idir mé
is mo mhíle stór.

Do fágadh sa mbaile mé
ag déanamh bróin,
gan aon tsúil thar sáile liom
choíche ná go deo.

Mo léan nach bhfuil mise
is mo mhuirnín bán
i gCúige Laighean
nó i gContae an Chláir.

Mo bhrón nach bhfuil mise
is mo mhíle grá
ar bord loinge
ag triall go Meiriceá.

Leaba luachra
a bhí fúm aréir,
is chaith mé amach í
le teas an lae.

Tháinig mo ghrása
le mo thaobh,
guala ar ghualainn
agus béal ar bhéal.

ANONYMOUS
(18–19th century)

My Sorrow the Sea!

My sorrow the sea!
How great and how wide
As it rolls between me
And my lover's side.

I was left at home
To cry and to weep,
Never to roam
Across the deep.

A pity that I
And my love so fair
Are not in Leinster
Or in County Clare.

My sorrow that I
Am not off and away
On board a ship
To Amerikay.

On a bed of rushes
Last night I lay
And I threw it out
In the heat of day.

My loved one came
Like a breeze from the south,
Shoulder to shoulder,
Mouth to mouth.

Translation by
GABRIEL ROSENSTOCK

An Chúileann

An bhfaca tú an chúileann, 's í ag siúl ar na bóithre,
Maidin gheal drúchta 's gan smúit ar a bróga?
Is iomaí óganach súilghlas ag tnúth lena pósadh,
Acht ní fhaigheann siad mo rún-sa ar an gcuntas is dóigh leo.

An bhfaca tú mo bhábán lá breá 's í 'na haonar,
A cúl dualach drisleanach go slinneán síos léithi?
Mil ar an óigbhean 's rós breá 'na héadan,
'S is dóigh le gach spreasán gur leannán leis féin í.

An bhfaca tú mo spéirbhean 's í taobh leis an toinn,
Fáinní óir ar a méaraibh 's í ag réiteach a cinn?
Is é dúirt an Paorach 'bhí ina mhaor ar an loing,
Go mb'fhearr leis aige féin í ná Éire gan roinn.

ANONYMOUS
(*18–19th century*)

The Coolin

Have you seen the fair-haired lady walking
Along the roads in the bright dew of the morning?
Many a blue-eyed youth desires her for his own,
But they will not win her love, for she is mine alone.

And have you seen my dear in the late afternoon
Her arms full of flowers and her hair overflowing?
She is the honeyed promise of summer coming soon,
And every idle fellow dreaming she's his own.

Have you seen her at evening, down beside the shore,
Her gold rings sparkling as she braids her hair?
No wonder Captain Power of the Venus once declared
That he'd give his ship to kiss the lips of one so fair.

Translation by
MICHAEL SLATTERY

Tá Mé i Mo Shuí

Tá mé i mo shuí ó d'éirigh an ghealach aréir,
Ag cur tine síos go buan is á fadú go géar;
Tá bunadh an tí ina luí is tá mise liom féin,
Tá na coiligh ag glaoch is tá an saol ina gcodladh ach mé.

'Sheacht mh'anam déag, do bhéal, do mhalaí is do ghrua,
Dó shúil ghorm ghlé faoinar thréig mise aiteas is suairc;
Le cumha i do dhéidh ní léir dom an bealach a shiúl,
Is a chara mo chléibh, tá an saol ag dul idir mé is tú.

'S é deir lucht léinn gur cloíte an galar an grá.
Char admhaigh mé féin é go ndearna sé mo chroí istigh
        a chrá;
Aicíd róghéar, faraoir nár sheachain mé í,
Chuir sí arraing is céad go géar trí cheartlár mo chroí.

Casadh bean sí dom thíos ag lios Bhéal an Átha,
D'fhiafraigh mé díthe an scaoilfeadh glas ar bith grá;
Labhair sí os íseal i mbriathra soineanta sámha,
"An grá a théid fan chroí, cha scaoiltear as é go brách."

ANONYMOUS
(18–19th century)

Wide Awake All Night

I'm wide awake since the moon arose last night,
Tending the fire and seeing that the flame doesn't die,
Everyone else is long tucked up in bed tight
And at cock-crow sure all are asleep—but not I.

My love! Your mouth and your brow and your cheek,
All joy I've forsaken for the pale, clear blue of your eye;
Missing you now, I know not the road that I take,
My sweetheart, what mountains between us lie!

The wise ones have said that love is a lingering disease,
Not a word I believed until love took hold of my heart,
What a terrible curse, a pity I didn't resist
Now my breast is tormented, dart after dart after dart.

I met with a fairy woman down by the Fort of the Ford,
And asked her could anything—anything soothe all this pain,
Softly she spoke, how wise and gentle each word,
"If love reaches the heart, 'tis there it must always remain."

Translation by
GABRIEL ROSENSTOCK

Bruach na Carraige Báine

Ó is thiar cois abhann gan bhréag gan dabht,
tá an ainnir chiúin tais mhánla;
gur gile a com ná eala ar an dtonn,
ó bhaitheas go bonn a bróige.
Sí an stáidbhean í do chráidh mo chroí,
is d'fhág sí m'intinn brónach,
is leigheas le fáil níl againn go bráth
ó dhiúltaigh mo ghrá-gheal domhsa.

Do b'fhearr liom féin ná Éire mhór,
is ná saibhreas rí óg na Spáinne,
go mbeinnse 'gus tusa a lúib na finne,
i gcoilltibh i bhfad ónár gcáirdibh.
Ó tusa 'gus mise bheith pósta a ghrá
le haontoil athar is máthar,
a mhaighdean óg is milse póg
ós tú grian na Carraige Báine.

A stuaire an chinn chailce, más dual go mbeir agam,
beidh cóir ort do thaithneoidh led cháirde;
idir síoda 's hata ó bhonn go baitheas,
's gach ní ins an gcathair dá áilleacht.
Beidh do bhólacht á gcasadh gach nóin chun baile
is ceol binn ag beachaibh ar bhánta,
beidh ór ar do ghlaca is cóiste ad tharraingt
go bruach na Carraige Báine.

ANONYMOUS
(18–19th century)

The Brink of the White Rock

Beside the river there dwells a maid,
Of maidens she's the fairest,
Her white neck throws the swan in shade,
Her form and face the rarest.
O she's the maid who my love betrayed,
And left my soul all shaken;
O there's no cure, while life endure,
Since my love has me forsaken.

I'd rather far, than Erin's shore,
Or the Spaniard's golden treasure,
Were you and I in the green woods nigh
To walk there at our leisure.
Or were we wed, dear love instead,
our parents both consenting;
Sweet maid, your kiss would make my bliss,
If you're to me relenting.

Oh! if you'd freely come with me,
In fashion brave I'd dress thee,
In satin fine your form would shine,
And finest silk caress thee.
Your kine will come each evening home,
Your bees hum in the clover,
Your coach in golden pride shall roll,
When we drive to the white rock over!

Translation by
MARGARET HANNAGAN
& SEAMUS CLANDILLON

An Páistín Fionn

Grá le m'anam mo pháistín fionn,
a croí is a haigne ag gáirí liom,
a cíocha geala mar bhláth na n-úll
's a píob mar eala lá Márta.
>
> Is tusa mo rún, mo rún, mo rún,
> 's tusa mo rún is mo ghrá geal,
> 's tusa mo rún is mo chumann go buan
> 's é mo chreach gan tú agam ód mháthair!

Cara mo chroí mo pháistín fionn
a bhfuil a dhá grua ar lasadh mar bhláth na dtom,
tá mise saor ar mo pháistín fionn,
ach amháin gur ólas a sláinte!
>
> Is tusa mo rún, mo rún, mo rún,
> 's tusa mo rún is mo ghrá geal,
> 's tusa mo rún is mo chumann go buan
> 's é mo chreach gan tú agam ód mháthair!

Dá mbeinnse sa mbaile a mbeadh súgradh 's greann,
idir dhá bhairille bheadh lán de leann,
mo shiúirín i m'aice is mo lámh faoina ceann,
is súgach a d'ólfainn a sláinte.
>
> Is tusa mo rún, mo rún, mo rún,
> 's tusa mo rún is mo ghrá geal,
> 's tusa mo rún is mo chumann go buan
> 's é mo chreach gan tú agam ód mháthair!

My Fair Pastheen

Oh, my fair Pastheen is my heart's delight,
Her gay heart laughs in her blue eye bright;
Like the apple-blossom her bosom white,
And her neck like the swan's on a March morn bright.

You are my darling,
You are my bright light,
My darling and my sweetheart for ever,
'Tis my sorrow your mother keeps you from me.

Love of my heart, my fair Pastheen!
Her cheeks are red as the rose's sheen,
But my lips have tasted no more, I ween,
Than the glass I drink to the health of my queen!

You are my darling,
You are my bright light,
My darling and my sweetheart for ever,
'Tis my sorrow your mother keeps you from me.

Were I in the town where's mirth and glee,
Or 'twixt two barrels of barley bree,
With my fair Pastheen upon my knee,
'Tis I would drink to her pleasantly!

You are my darling,
You are my bright light,
My darling and my sweetheart for ever,
'Tis my sorrow your mother keeps you from me.

Bhí mé naoi n-oíche i mo luí go bocht
ó bheith sínte faoin dílinn idir dhá thor,
a chumann mo chroí is mé ag smaoineamh ort,
's nach bhfaighinnse le fead ná le glaoch thú.
      Is tusa mo rún, mo rún, mo rún,
      's tusa mo rún is mo ghrá geal,
      's tusa mo rún is mo chumann go buan
      's é mo chreach gan tú agam ód mháthair!

Tréigfead mo charaid 's mo chairde gaoil,
's tréigfead a maireann de mhnáibh an tsaoil,
ach ní thréigfead lem mharthain thú, a ghrá mo chroí
go síntear i gcómhra faoin gclár mé.
      Is tusa mo rún, mo rún, mo rún,
      's tusa mo rún is mo ghrá geal,
      's tusa mo rún is mo chumann go buan
      's é mo chreach gan tú agam ód mháthair!

ANONYMOUS
(18–19th century)

Nine nights I lay in longing and pain,
Betwixt two bushes, beneath the rain,
Thinking to see you, love, again;
But whistle and call were all in vain!

You are my darling,
You are my bright light,
My darling and my sweetheart for ever,
'Tis my sorrow your mother keeps you from me.

I'll leave my people, both friend and foe;
From all the girls in the world I'll go;
But from you, sweetheart, oh, never, oh no!
Till I lie in the coffin stretched cold and low!

You are my darling,
You are my bright light,
My darling and my sweetheart for ever,
'Tis my sorrow your mother keeps you from me.

Translation by
SAMUEL FERGUSON

Róisín Dubh

A Róisín ná bíodh brón ort fár éirigh dhuit—
tá na bráithre ag dul thar sáile is iad ag triall ar muir,
tiocfaidh do phardún ón bPápa is ón Róimh anoir
is ní spáráilfear fíon Spáinneach ar mo Róisín Dubh.

Is fada an réim a lig mé léi ó inné go dtí inniu,
trasna sléibhte go ndeachas léi is mo sheolta ar muir:
An Éirne scoith sí de léim í cé gur mór é a sruth,is mar cheol
téad ar gach taobh di a bhíonn mo Róisín Dubh.

Mhearaigh tú mé, a bhradóg, is nár ba fearrde dhuit,
's go bhfuil m'anam istigh i ngean ort is ní inné ná inniu.
D'fhág tú lag anbhann mé i ngné is i gcruth;
ná feall orm is mé i ngean ort, a Róisín Dubh.

Shiúlfainn féin an drúcht leat is fásaigh goirt
mar shúil go bhfaighinn rún uait nó páirt ded thoil;
a chraoibhín chumhra, gheallais damhsa go raibh grá agat dom,
is gurb í plúrscoth na Mumhan í mo Róisín Dubh.

Dá mbeadh seisreach agam threabhfainn in aghaidh na gcnoc
is dhéanfainn soiscéal i lár an Aifrinn do mo Róisín Dubh;
bhéarfainn póg don chailín óg a bhéarfadh a hóighe dhom
is dhéanfainn cleas an leasa le mo Róisín Dubh.

Beidh an Éirne 'na tuilte tréana is réabfar cnoic,
beidh an fharraige 'na tonnta dearga is an spéir 'na fuil,
beidh gach gleann sléibhe ar fud Éireann is móinte ar crith,
lá éigin sula n-éagfaidh mo Róisín Dubh.

ANONYMOUS
(18–19th century)

Small Black Rose

Rose, let go of pain, of all that's happened to you,
The brothers are coming, travelling by sea,
Comfort will come yet from the Pope in Rome
And we won't spare the Spanish wine for my small black Rose.

A long time we've been together, she and I.
We walked many a mountain, crossed many a sea.
I remember leaping the Erne with the water high,
String music on every side was my small black Rose.

God forgive you, your flighty ways are hard on me,
My fate bound into yours a long time now.
Body and soul you have me drained,
Don't let your man down now, my small black Rose.

I'd walk in the morning grass with you, or the bitter desert
For a small part of your heart, your willful love;
My perfumed branch, you swore blind you loved me—
Exquisite flower of Munster, my small black Rose.

If I had the means to, I'd plough the mountain's face,
I'd make my Rose the gospel in the Mass,
I'd have a kiss for the girl giving herself to me,
Happy behind a high ditch with my small black Rose.

The Erne will thunder in flood, the mountains roar,
Salt red the waves will climb, the sky will fill with blood
And every glen in the mountains, every meadow will tremble
Before you'll die on me, my small black Rose.

Translation by
THEO DORGAN

An tEidhneán Dúghlas

Tá an t-eidhneán so dúghlas,
Níl smúit air ná mairg;
Tá an samhradh ag teacht cumhra
Is an colúr ar bharr crannaibh.
A coimín snoite córach
Is a beol tanaí meala,
Is ag droichead taobh na feorann
Atá mo stóirín le fada.

Ba mhaith an fear sleáin me,
Is níorbh fhearr ná ar shluasaid,
Mo shúiste im dheasláimh
Ar urlár is mé ag bualadh;
Ach fágfad mo thigh is m'áitreabh
Mar tá sé ina chír thuathail
Is leanfad mo chúilín fáinneach
Pé áit go bhfaighead a tuairisc.

Dá mbeadh orm sciatháin
Ag fás ar mo ghuaille,
D'éireoinn anairde
Chomh hard leis na cuanta;
Raghainn dtí mo dheartháirín
Is ghearánfainn go cruaidh leis
Go bhfuil mo chéad searc 'om thréigean
Is céile eile á lua léi.

ANONYMOUS
(18–19th century)

+ 90 +

Dark Green the Ivy

Dark green the ivy
Shining and free,
Fragrant summer smiling
And the dove in the tree.
Waist sculptured rare
Lips nectar-pure
By the greenbanked bridge she's there
My love, for sure.

At footing turf I'd never fail
Nor shovel ever scorn,
In my right hand a flail
Threshing the corn.
But I'll leave my home behind
And follow her curling hair
For the sake of peace of mind
When I find her—but where?

Like a bird had I wings
To carry me high,
Like the lark when it sings
In the deepest sky,
I'll go to my brother
And sadly complain:
She's gone off with another—
I'll never see her again!

Translation by
GABRIEL ROSENSTOCK

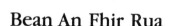

Bean An Fhir Rua

Tá siad á rá gur tú sáilín socair i mbróig
Tá siad á rá gur tú béilín tana na bpóg,
Tá siad á rá, a mhíle grá, go dtug tú dom cúl—
Cé go bhfuil fear le fáil, gur leis an dtáilliúir Bean an Fhir Rua.

Do thugas naoi mí i bpríosún ceangailte cruaidh,
Boltaí ar mo chaolaibh agus míle glas as súd suas;
Thabharfainnse síog mar a thabharfadh an eala cois cuain
Le fonn a bheith sínte síos le Bean an Fhir Rua.

Shaoileas-sa, a chéadsearc, go mbeadh aointíos idir mé agus tú,
Agus shaoileas 'na dhéidh sin go mbréagfá mo leanbh ar do
    ghlúin;
Mallacht Rí Néimhe ar an té sin a bhain díom mo chlú,
Sin, agus uile go léir, lucht bréige idir mé agus tú.

ANONYMOUS
(*18–19th century*)

The Red-Haired Man Reproaches His Wife Who Has Left Him

They are saying your little heel fits snugly in the shoe,
They are saying your lips are thin, and saying they kiss well too;
You might have had many's the man, if what they are saying
  is true,
When you turned your back on your own, but only the tailor
  would do!

I'd have you know, nine months I was tethered in gaol,
Bolts on my ankles and wrists and a thousand locks on the
  chain,
And yet, my flight would be swift as the homeward flight of
  the swan
To spend but a single night with the Wife of the Red-Haired
  Man!

And I thought, "One home we will share, Beloved, for you
  and for me,"
And I thought, "'Tis you will sit there and coax my babe on
  your knee."
Heaven's King's curse be on him who has taken away my
  good name!
So that lies in the end of it all separate us in shame.

Translation by
MÁIRE CRUISE O'BRIEN

Máirín de Barra

A Mháirín de Barra, do mharaigh tú m'intinn
Is d'fhág tú dubhach dealbh mé i ganfhios dom mhuintir,
I mo luí ar mo leaba dhom is ort bhímse a' cuimhneamh,
Is ar m'éirí dhom ar maidin, mar do chealg tú an croí ionam.

Do thugas 's do thugas 's do thugas óm chroí greann duit,
Ar Domhnach Fhéil' Muire na gCoinneal sa teampall;
Dod shúilín ba ghlaise ná uisce na ngeamhartha,
Is do bhéilín ba bhinne ná an druid nuair a labhrann.

Do shíl mé tú a mhealladh le briathra is le póga,
Do shíl mé tú a mhealladh le leabhra is le móide,
Is do shíl mé thú a mhealladh ar bhreacadh na heornan,
Ach d'fhág tú dubhach dealbh ar theacht don bhliain nódh mé.

Is aoibhinn don talamh a siúlann tú féin air
Is aoibhinn don trealamh ar a seinneann tú véarsaí,
Is aoibhinn don leaba ina luíonn tú fé éadach,
'S ró-aoibhinn don bhfear a gheobhaidh thú mar chéile.

A Mháirín, glac mo chomhairle, is ná seoltar tú ar t'aimhleas;
Seachain an stróinse, fear séidte na hadhairce.
Gaibh leis an óigfhear a nglaonn siad Ó Floinn air;
Pós é de ghrá réitigh, ós é is toil le do mhuintir.

Do shiúlfainn is do shiúlfainn is do shiúlfainn an saol leat;
Do raghainnse thar sáile gan dhá phingin spré leat,
Mo mhuintir 's mo chairde go brách brách do thréigfinn,
Is go leigheasfá ón mbás mé ach a rá gur leat féin mé.

Máirín de Barra

Oh, Máirín de Barra, you have made my mind feeble,
And you've left me sad and lonely, all unknown to my
people;
As I lie on my pillow, it's of you I'm always dreaming,
And when I rise in the morning, my heart is still bleeding.

Oh, Máirín, you swept away my sense without warning,
As you knelt in the chapel on Candlemas morning;
Your eyes were far purer than the dewdrops on the barley,
And your voice was far sweeter than the linnet or starling.

I thought I would win you with kisses and coaxing,
I thought you'd be conquered by my promises and boasting;
I was sure that I could charm you as the barley turned golden,
But you left me broken-hearted when the harvest was over.

Oh, happy are the pathways where you stray and you
    saunter,
And happy are the blackbirds with the melodies you've
    taught them;
Oh, happy and thankful are the blankets that warm you,
And how happy for the bridegroom who'll stand beside you
    at the altar.

Oh, Máirín, take my warning, don't let any man cheat you,
Stay away from the tailor and beware of his scheming;
As O'Flynn is my name, I swear I'd never ill-treat you,
Oh, clasp me to your heart, love, you'll have your people's
    agreement.

D'ólfainn agus d'ólfainn agus d'ólfainn do shláinte,
Is dá mbeinn ar bord loinge d'ólfainn ní b'fhearr í;
Dá mbeinnse im bhanaltra do bhréagfainn do bhábán;
Siúd ort is ól deoch is Dé do bheatha id shláinte!

ANONYMOUS
(*18–19th century*)

Oh, Máirín, if you'd have me, I would walk the world proudly,
I'd take you over the water with no thought of a dowry;
I'd leave my friends and my own people, I'd have no fear of
    drowning,
For you'd save me from the grave, love, if you placed your
arms 'round me.

Now I'll drink to your health, love, I'll drink it late and early,
And if we were on the sea, love, I'd drink deep as we were
    sailing,
If you'd meet me on the quay, love, there's no fear I'd keep
    you waiting,
And, please God, in a year, love, you could be feeding our
    baby.

Translation by
BRIAN O'ROURKE

Úna Bhán

Na cheithre Úna, na cheithre Áine, na cheithre Máire 's na
    cheithre Nóra,
Na cheithre mná ba cheithre breátha i gceithre gcearda na
    Fódla,
Na cheithre tairní a chuaigh 's na cheithre clára, na cheithre
    cláracha cónra,
Ach na ceithre gráin ar na ceithre mná nach dtug na ceithre
    grá gona cheithre póga.

'Gus Úna Bhán Nic Diarmuid Óig,
Fíorscoth Búrcach, Brúnach, 's Brianach Mór,
Bhí do bhéal mar an tsiúcra, mar leamhnacht, mar fhíon, 's
    mar bheoir,
'Gus do chois deas lúfar 'sí shiúlfadh gan fiar i mbróig.

A shúil is glaise Ó ná ligean anuas an bhraon,
A ghuth is binne ná guth na cuaiche ar chraobh,
A thaobh is gile Ó ná coipeadh na gcuan seo thíos,
'Gus a stór is a chumainn, nach minic do bhuaireadh thríom.

Tá an sneachta ar lár agus barr air chomh dearg le fuil
Samhail mo ghrá ní fhaighim i mbealach ar bith,
Ach féachaidh, a mhná, cé mb'fhearr an t-ochón ansin Ó
Ná'n t-aon ghlaoi amháin ag Áth na Danóige.

Fair Úna

The four Únas, the four Áines, the four Máires, the four
    Nóras,
The four women finest by fourfold in the four quarters of
    Fódla,
The four nails driven into the four coffin boards, the four oak
    coffins O;
But my fourfold hate on the four women who gave not their
    love with their kisses four.

Fair Úna, daughter of Diarmuid Óg,
Choicest flower of the Burkes, Brownes and lordly O'Briens,
Your mouth was like honey, like milk, like wine,
And your slender foot faultlessly graced a shoe.

O eye clearer than the falling raindrop,
O voice sweeter than the cuckoo on the branch,
O side whiter than the foam of the raging sea,
O my treasure and my love, how often have your sorrows
    pierced me through.

Nothing I find as fair as my love,
Not even the fallen snow enmantled with blood.
And oh you women, were not one call for me at the ford
Better than all your wailing for Úna dead.

A Úna Bhán ba rós i ngáirdín thú,
Ba choinnleoir óir ar bhord na banríona thú,
Ba chéiliúr agus ba cheolmhar a'dul an bhealaigh seo
    romham thú,
Ach sé mo chreach mhaidne bhrónach nár pósadh liom thú.

A dheartháir Ó dá bhfeictheá sa teampall í,
Ribín uaithne anuas ar a ceann mar ghnaoi,
Gach dlaoi dá gruaig ina dual mar an ómra bhuí
Ach sé mo thrí thruaighe nár luadhadh liom i gcleamhnas í.

'Gus rachainn leat ar bharra slat i loing faoi sheol,
A bhrollaigh geal nár tharraing ort fear an áirneáin fós,
Ach dar an Leabhar Breac ós mionna ceart é ag cách
    le tabhairt,
Mura gcodlaíod leat is domhain seal mo cheann faoin bhfód.

Is trua gan mise i mo phréachán dubh
Go dtabharfainn an ruaig úd suas ar leath fhalla an chnoic,
'Mo ghath gréine i mbarr fréime ag casadh faoi shruth,
'Gus mo ghrá féin ar gach taobh dhíom á castáil dom.

A Úna Bhán nach gránna an luí atá ort
Do cheann le fána i measc na mílte corp,
Ach mara dtuga tú fóir orm a phlandóig bhí riamh gan locht,
Ní thiocfaidh mise it'áras go brách ach an oíche 'nocht.

TOMÁS LÁIDIR Ó COISDEALBHA
(18th century)

O Úna, fair rose in a garden,
Golden candelabra on a queen's table,
You were birdsong exultant and music to me,
My stricken grief not to have wed with you.

O little brother, if you had seen her in church,
Her hair adorned with green ribbon
Binding shining tresses of amber and gold,
But O my sorrow: she was not betrothed to me.

I would go with you Úna on a raft or boat,
O fair breast that knows no man to this day,
But by the Holy Book I swear, as is right for all to swear
Unless you be mine my head too will lie deep under the clay.

Pity that I cannot, like the dark raven,
Fly to Úna in her mansion on the hill,
Or, like a sunbeam, shine high, or low in a deep stream—
I could then be with my love wherever she appeared.

Fair Úna, how ugly now is your hollow bed,
Your head lying among hosts of the dead;
Unless you come to me now, O flower without blight,
Never again will I come to visit you after this night.

Translation by
SEÁN MAC MATHGHAMHNA

'Ógánaigh Óig

'Ógánaigh óig a bhfuil ór in do phéarlaibh,
Is iomdha cailín óg do phógadh do bhéilín!
Is trua gan mé bheith ag ól leat ar bórd i mBinn Éadair,
Agus ór bheith inár bpócaíbh is sinn pósta le chéile!

'Sé shaoil mise féin (mar bhí mé gan eólas)
Gurbh ionann domh do lámhsa agus fáinne pósta;
Do shaoil mé 'n-a dhéigh sin gur tú an réalt eólais,
Nó mar bhláth na subh-chraobh ar gach taobh do na bóithribh!

Is trua Dé gan mise is an giolla dubh ar iarraidh
Naoi n-oíche, naoi lá 'gus ceithre ráithe na bliana,
I seomra bheith druidthe le fuinneogaibh iarainn,
Glas ar a' dorus is an eochair ar iarraidh!

Is trua géar nach bhfuil mise agus óigfhear na súl glas
A' súgradh 's ag éisteacht le cléireach ár bpóstaí;
Is cinnte dá mbeadh déanach go mbeinn féin is m'óigfhear
A' siúl ar fud coillte le soilse an tráthnóna!

Bhí mé seacht seachtaine ar leabaidh na fuinneoige
Ag éisteacht lena aisling is a' féachaint tráth chodlódh sé.
Tá dhá bhinn m'fhallainn a' falach gach aon phóige,
'S gurb é grá an radaire tharraing mé 'un trioblóide!

'Ógánaigh óig is míne ná an síoda,
Agus d'anáil níos cumhra ná bola na tíme,
Do lochta go deo deo ní chuirfinnse síos duit
Ach amháin mar fheabhas agus chodlann tú an oíche!

ANONYMOUS
(19th century)

Young Lad

Young lad with the curls and the lips made for kissing,
Would to God you and I from our people were missing,
In a tavern at Howth or abroad in the heather,
With gold in our purse, and we wedded together!

I thought, O my love, (I was young and not clever)
That your troth, like a ring, meant you'd part from me never:
You seemed after that like the star in my heaven,
Or the raspberry blossom on the roadside at even!

Would the dark lad and I were where no one could enter,
For nine days and nine nights and from spring until winter,
With iron-bound shutters to fasten our chamber,
And the key in a place not a soul could remember!

How I wish that the dark lad and I were both kneeling
At the altar in church, with the wedding-bells pealing!
If the clergy were late, be sure I and my dearest
Would roam in the sun through the depths of the forest!

Seven weeks by the window a vigil I'm keeping,
As I list to his dreaming and watch him while sleeping;
I'm hiding each kiss with my mantle bent double,
And 'tis love for the rascal has brought me to trouble!

Young lad in whose face the shy sunbeam reposes,
Whose breath is far sweeter than thyme or wild roses,
I never could blame you, your faults I pass over,
Excepting you sleep far too sound for a lover!

Translation by
DONAL O'SULLIVAN

An Clár Bog Déil

Do ghlacfainn tú gan ba, gan púint,
    gan áireamh spré,
A chuid 'en tsaol, le toil do mhuínntre,
    dá mb'áil leat mé.
'Sé mo ghalar dúch gan mé 'gus tú,
    a dhianghrá mo chléibh,
I gCaiseal Mumhan's gan do leabaidh fúinn
    ach an clár bog déil!

Siúil, a chogair, is tar a chodla
    liom féin don ghleann,
Gheó tú fosca, leabaidh fhlocais
    is aer cois abhann;
Beidh na srotha a' gabháil thorainn
    faoi ghéagaibh crann,
Beidh an londubh inár bhfochair
    is an chéirseach ann.

Searc mo chléibh do thug mé féin duit,
    agus grá tré rún,
Dá dtigeadh sé do chor sa' tsaol
    go mbéinn féin is tú,
Ceangal cléireach eadrainn araon,
    's an fáinne dlúth—
Is dá bhfeicinn féin mo shearc ag aon fhear
    gheobhainn bás le cumha!

The Soft Deal Board

I would wed you, dear, without gold or gear
    or counted kine,
My wealth you'd be, would your friends agree,
    and you be mine.
My grief, my gloom! that you do not come,
    my heart's dear hoard!
To Cashel fair, though our couch were there
    but a soft deal board!

Oh, come, my bride, o'er the wild hills' side,
    to the valley low,
A downy bed for my love I'll spread,
    where waters flow;
And we shall stray where streamlets play,
    the groves among,
Where echo tells to the listening dells
    the blackbirds' song.

Love tender, true I gave to you,
    and secret sighs,
In hope to see, upon you and me,
    one hour arise
When the priest's blest voice would confirm my
    choice, and the ring's strict tie:
If wife you be, love, to one but me, love,
    in grief I'll die!

Dia Domhnaigh nuair a chínn
  ag an dteampall í,
Fallaing riabhach is ribín uaithne uirthi
  anún mar ghnaoi,
Agus gúna do scuabfadh
  na gleannta fraoich:
Och! 'sé mo bhuaire mar do luadh liom
  'na maighdin í!

Tá úr-phíob ag mo mhúirnín,
  is a bráid mar aol,
A cúilín casta búclaidheach
  a' fás go féar;
'Sé mo chumha nimhe nách san úir síos
  do fágadh mé
Sara stiúiríodh mé i gcúigibh
  is mo ghrá thar m'éis!

ANONYMOUS
(*19th century*)

In church at prayer first I saw the fair
   in glorious sheen,
In mantle flowing, with jewels glowing,
   and frontlet green,
And robe of whiteness whose fold of lightness
   might sweep the lea,
Oh, my heart is broken since tongues have spoken
   that maid for me!

A neck of white has my heart's delight,
   and breast like snow,
And flowing hair whose ringlets fair
   to the green grass flow—
Alas! that I did not early die
   before the day
That saw me here, from my bosom's dear
   far, far away!

Translation by
EDWARD WALSH

Táim Sínte ar do Thuama

Táim sínte ar do thuama,
  Is do gheóir ann do shíor me;
Dá mbeadh barr do dhá lámh agam
  Ní scarfainn leat choíche.
A úillín is a ansacht,
  Is am domhsa luí leat,
Tá boladh fuar na cré orm,
  Dath na gréine 's na gaoithe!

Tá cló ar mo chroíse
  'Tá líonta le grá dhuit,
Lionndubh ar thaobh thíos de
  Chomh cíordhubh le hairne.
Is má bhaineann aon ní dhom
  'S go gcloífeadh an bás me,
Beadsa im shí gaoithe
  Romhat thíos ar na bánta!

Nuair is dóigh le mo mhuintir
  Go mbímse ar mo leaba,
Ar do thuama 'sea bhím sínte
  Ó oíche go maidin:
A' cur síos mo chruatan
  'S a' cruaghol go daingean,
Tré mo chailín ciúin stuama
  Do luadh liom 'na leanbh!

From the Cold Sod That's O'er You

From the cold sod that's o'er you
   I never shall sever—
Were my hands twin'd in yours, love,
   I'd hold them forever—
My fondest, my fairest,
   We may now sleep together,
I've the cold earth's damp odour,
   And I'm worn from the weather!

This heart, fill'd with fondness,
   Is wounded and weary;
A dark gulf beneath it
   Yawns jet-black and dreary—
When death comes, a victor,
   In mercy to greet me,
On the wings of the whirlwind,
   In the wild wastes you'll meet me!

When the folk of my household
   Suppose I am sleeping,
On your cold grave, till morning,
   The lone watch I'm keeping;
My grief to the night wind,
   For the mild maid to render,
Who was my betrothed
   Since infancy tender!

An cuimhin leatsa an oíche,
  Do bhíosa 'gus tusa;
Fá bhun an chrainn draighnigh,
  'S an oíche ag cur cuisne;
Céad moladh le hÍosa,
  Nach dhearnamar an milleadh.
'S go bhfuil do choróin mhaighdeanais,
  'Na crann soilse ar do choinne!

Tá na Sagairt 's na Bráithre,
  Gach lá liom i bhfearg,
Do chionn bheith i ngrá leat,
  A óigbhean is tú marbh;
Dhéanfainn foscadh air an ngaoith dhuit
  'S díon duit ón bhfearthainn:
Agus cumha ghéar mo chroíse
  Thú bheith thíos insa talamh!

Tabhair do mhallacht dod mháthairín,
  'S áirmhidhsi t'athair;
'S a maireann dod chairde,
  Go léireach 'na seasamh:
Nár léig dom thú phósadh
  'S tu beo 'gam id bheatha,
Agus nach n-iarrfainn mar spré leat,
  Ach luí liom air leaba!

ANONYMOUS
(19th century)

Remember the lone night
   I last spent with you, love,
Beneath the dark sloe-tree,
   When the icy wind blew, love—
High praise to the Saviour
   No sin-stain had found you,
That your virginal glory
   Shines brightly around you!

The priests and the friars
   Are ceaselessly chiding,
That I love a young maiden,
   In life not abiding—
O! I'd shelter and shield you,
   If wild storms were swelling,
And O! my wreck'd hope,
   That the cold earth's your dwelling!

Alas, for your father,
   And also your mother,
And all your relations,
   Your sister and brother,
Who gave you to sorrow,
   And the grave 'neath the willow,
While I crav'd, as your portion,
   But to share your chaste pillow!

Translation by
EDWARD WALSH

Péarla an Bhrollaigh Bháin

Tá cailín deas am chrá
Le bliain agus le lá,
   Is ní fhéadaim a fáil le bréaga;
Níl aiste chlis le rá
Dá gcanaid fir le mná
    Nár chaitheamar gan tábhacht lé-si.
Don Fhrainc nó don Spáinn
Dá dtéadh mo ghrá,
   Go raghainnse gach lá dá féachain;
'S maran dúinn atá i ndán
An ainnir chiúin seo d'fháil,
    Och! Mac Muire na ngrás dár saora!

Is a chailín chailce bhláith,
Dá dtugas searc is grá,
    Ná tabhairse gach tráth dhom éara;
'S a liacht ainnir mhín im dheáidh
Le buaibh is maoin 'na láimh,
    Dá ngabhaimís it áitse céile.
Póg is míle fáilte
Is barra geal do lámh
' Sé ní iarrfainnse go bráth mar spré leat;
'S maran domhsa taoi tú i ndán,
A phéarla an bhrollaigh bháin,
    Nár thí mise slán ón aonach!

ANONYMOUS
(19th century)

The Pearl of the White Breast

There's a colleen fair as May,
For a year and for a day
I have sought by ev'ry way her heart to gain.
There's no art of tongue or eye,
Fond youths with maidens try,
But I've tried with ceaseless sigh yet tried in vain.
If to France or far-off Spain,
She'd cross the wat'ry main,
To see her face again the seas I'd brave.
And if 'tis heav'n's decree,
That mine she may not be,
May the Son of Mary me in mercy save.

Oh, thou blooming milk-white dove,
To whom I've given true love,
Do not ever thus reprove my constancy.
There are maidens would be mine,
With wealth in hand and kine,
If my heart would but incline to turn from thee.
But a kiss, with welcome bland,
And touch of thy fair hand,
Are all that I'd demand wouldst thou not spurn;
For if not mine, dear girl,
Oh, Snowy-breasted Pearl!
May I never from the Fair with life return!

Translation by
GEORGE PETRIE

Ceathrúintí Mháire Ní Ógáin

I

Ach a mbead gafa as an líon so—
Is nár lige Dia gur fada san—
Béidir go bhfónfaidh cuimhneamh
Ar a bhfuaireas de shuaimhneas id bhaclainn.

Nuair a bheidh ar mo chumas guíochtaint,
Comaoine is éisteacht Aifrinn,
Cé déarfaidh ansan nach cuí dhom
Ar 'shonsa is ar mo shon féin achaine?

Ach comhairle idir dhá linn duit,
Ná téir ródhílis in achrann,
Mar go bhfuilimse meáite ar scaoileadh
Pé cuibhrinn a snaidhmfear eadrainn.

II

Beagbheann ar amhras daoine,
Beagbheann ar chros na sagart,
Ar gach ní ach a bheith sínte
Idir tú agus falla—

Neamhshuím liom fuacht na hoíche,
Neamhshuím liom scríb is fearthainn,
Sa domhan cúng rúin teolaí seo
Ná téann thar fhaobhar na leapan—

Ar a bhfuil romhainn ní smaoinfeam,
Ar a bhfuil déanta cheana,
Linne an uain, a chroí istigh,
Is mairfidh sí go maidin.

The Quatrains of Mary Hogan

I

If I could fly this entangled net—
God grant it may be soon!
Memory might come to my aid yet—
How in your arms I'd swoon.

When again I'm able to pray,
Receive Communion and hear Mass,
Who then is to say
It's unseemly what I ask?

Meanwhile listen to this:
Don't get yourself in a knot,
I won't be a slave to your kiss,
I'm giving away what I've got.

II

Let all the people doubt
And the priest his pieties bawl,
I just want a bout
With you, up against the wall.

What do I care if the night be cold,
What do I care for wind and rain,
The bed is our world, our only fold
Where we know joy and pain.

I do not care what tomorrow may bring,
I do not think of what yesterday brought:
Ours is the hour, till morning,
These few hours we sought.

III

Achar bliana atáim
Ag luí farat id chlúid,
Deacair anois a rá
Cad leis a raibh mo shúil!

Ghabhais de chosaibh i gcion
A tugadh chomh fial ar dtúis,
Gan aithint féin féd throigh
Fulag na feola a bhrúigh!

Is fós tá an creat umhal
Ar mhaithe le seanagheallúint,
Ach ó thost cantain an chroí
Tránn áthas na bpléisiúr.

IV

Tá naí an éada ag deol mo chí'se,
Is mé ag tál air de ló is d'oíche;
An gárlach gránna ag cur na bhfiacal,
Is de nimh a ghreama mo chuisle líonta.

A ghrá, ná maireadh an trú beag eadrainn,
Is a fholláine, shláine a bhí ár n-aithne;
Barántas cnis a chloígh lem chneas airsin,
Is séala láimhe a raibh gach cead aici.

Féach nach meáite mé ar chion a shéanadh,
Cé gur sháigh an t-amhras go doimhin a phréa'cha;
Ar láir dhea-tharraic ná déan éigean,
Is díolfaidh sí an comhar leat ina shéasúr féinig.

III

Now it's been a year
Since I've shared your bed,
I don't know, I fear,
What was in my head!

Headlong you rushed into love,
Love given freely at first,
With every thrust and shove
I was nearly fit to burst.

And my flesh is still willing
Because of an old vow,
But where is the thrilling—
Where the pleasures now?

IV

The child of envy sucks my breast,
My milk flows day and night,
He is cutting teeth and now my chest
Fills with the venom of his bite.

Darling, let not this wretch remain
Between our love that was entire:
The warranty of skin where we have lain—
The hand that sealed was a hand of fire!

Deny this love I'd never dare,
Though doubt has addled my reason,
Don't force a willing mare
And she'll reward you in her season.

V

Is éachtach an rud í an phian,
Mar chaitheann an cliabh,
Is ná tugann foiseamh ná spás
Ná sánas de ló ná d'oích'—

An té atá i bpéin mar táim
Ní raibh uaigneach ná ina aonar riamh,
Ach ag iompar cuileachtan de shíor
Mar bhean gin féna coim.

VI

'Ní chodlaím ist oíche'—
Beag an rá, ach an bhfionnfar choíche
Ar shúile oscailte
Ualach na hoíche?

VII

Fada liom anocht!
Do bhí ann oíche
Nárbh fhada faratsa—
Dá leomhfainn cuimhneamh.

Go deimhin níor dheacair san,
An ród a d'fhillfinn—
Dá mba cheadaithe
Tar éis aithrí ann.

Luí chun suilt
Is éirí chun aoibhnis
Siúd ba chleachtadh dhúinn—
Dá bhfaighinn dul siar air.

MÁIRE MHAC AN TSAOI
(b. 1922)

V

What a powerful thing is pain,
How it tears at the breast
Again and again—
It knows no rest.

Those who know such pain as mine
Are never alone in an empty room,
They have company all the time
Like a woman with a child in her womb.

VI

'I sleep not at night with sighs,'
It's little to say, but try as we might
With open eyes
How can we know the burden of night?

VII

This night is long and dark;
A night I remember
Short-lived as a spark
From a dying ember.

It would be blessed
To go down that road
If I confessed
My sin's load.

Lying down for pleasure
And rising for more,
That's all we'd do forever—
If we had what we had before.

Translation by
GABRIEL ROSENSTOCK

Cruit Dhubhrois

Bruith do laidhre im théada ceoil
ag corraíl fós, a chruitire,
clingeadh nóna ar crith go fóill
im chéis is an oíche ag ceiliúradh.

Oíche thláith, gan siolla aeir,
a ghabhann chuici sinechrith
mo shreangán nó go dtéann falsaer
grá mar rithí ceoil faoin mbith,

Go gcroitheann criogar a thiompán,
go gcnagann cosa briosca míl,
go sioscann fionnadh liath leamhain,
go bpleancann damhán téada a lín.

Is tá mo chroí mar fhuaimnitheoir
do chuisleoirí na cruinne cé
ón uair gur dhein mé fairsing ann
don raidhse tuilteach againn féin.

Nuair a leagann damhán géag
go bog ar théada rite a líne
léimeann mo théada féin chun ceoil
á ngléasadh féin dod láimhseáil chruinn.

BIDDY JENKINSON
(b. 1929)

The Harp of Dubhros

Harper, hot your fingers still
stirring me on every string,
look, the night has climbed the hill
yet your noon-day strummings ring.

Balmy night bereft of air
slowly take the murmur-strain!
All that is, was ever there,
fugued to fullness and love's reign.

Until the cricket's drumming rasp,
and insect leg of silver gut,
grey moth-fur emits a gasp,
on music's web the spider-strut!

A sounding box within my chest
for busy buskers everywhere,
for every decibel compressed
recurring in the brightening air.

When the spider tests his weave
sweetly on each glistening line:
all my harp-strings leap and heave—
knowing that the tuning's fine.

Translation by
GABRIEL ROSENSTOCK

Scairteann Sé Ar a Aonsearc

Fuar an chré orm, an leac is cruaidh
Tar is siúil ar m'uaigh go sámh,
Do dhá bhonn bhána mar bhalsam bisigh dom,
Crom orm arís, a Dheirdre án!

Can! Smiot oighearthost an gheimhridh,
Rinc! Is péacfaidh lá,
Léirscrios fógair ar ár naimhde,
Ríomh ár ngníomhartha gaisce i ndán.

Díbir deamhain dhorcha mo dhrólainne,
An t-uaigneas. An t-éad. An tnúthán.
Glaoigh as m'ainm orm 'Naoise!'
Aon uair amháin.

GABRIEL ROSENSTOCK
(b. 1949)

He Calls Out to His Only Beloved

Cold the stone, cold on me the clay.
Come white feet and softly tread my grave
And be to me healing balsam and heart's ease.
Over me bend low once more, proud Deirdre!

Sing! Shatter dumb winter's icy silence.
Dance! So day may dawn.
Call vengeance on our traitorous hosts,
Chant our heroic deeds in song!

Banish my heart's dark demons:
Loneliness, jealousy, pain of yearning.
Call me by my name—'Naoise'
One last time.

Translation by
SEÁN MAC MATHGHAMHNA

Bean

Bíonn an bhean ag muirniú isteach ar chuma éigin, ag buanú,
Ag cur cleitheanna i dtalamh timpeall an tí i gcoinne
	ainmhithe allta.
Is í is túisce a chuimhneoidh ar thine nó citeal a chur síos
D'fhonn fadhbanna a ríomh is pleanáil don todhchaí
Faid a bheidh an fear ag faire amach féachaint an mbeadh
Meitheal filí Afganastánacha nó rinceoirí Palaistíneacha ag an
doras
Á ghairm chun siúil ar feadh cúpla mí ar chamchuairt
Na bhfásach is sráidbhailte lán de ghabhair is mná dorcha
	faoi chaille
Gur neamh leo filíocht. Ach nuair a thagann an cnag is í
bhíonn
Rompu go fáilteach ach go teann is ní deir mórán in aon chor
Ach bíonn 'fhios aige cad a bhíonn ina ceann:
'Chríost, a leads, thriail sé é sin cupla uair cheana
Is steagaráil sé abhaile i gcónaí chugam tar éis a chuid siúlta
Á rá gur mhillteach an botún ag an staid áirithe sin dá shaol
Bheith ag cuartú a shainmhianaigh arís lasmuigh dhó fhéin.'
Is deir sé féinig rud éigin ar nós 'sea, féach, uair éigin eile
	b'fhéidir,
Táim ag plé le roinnt tionscnamh saghas práinneach faoi
	láthair.'
An oíche sin ina bhothán adhmaid i loime mhúscraí an
	ghairdín cúil
Cloiseann sé a guth dílis imigéiniúil á ghlaoch isteach
Is samhlaíonn sé faoi chaille dhubh is éadach Muslamach í
Á shuaimhniú is á mhuirniú i ngaineamhlach a súl.

MICHAEL DAVITT
(b. 1950)

Woman

The woman somehow will always cherish, perpetuate,
Drive stakes into the ground around the house against savage
    animals.
It's she who will think of wetting a teapot or stoking a fire
To throw light on realities and stalk the future
While the man is on the look-out anticipating
A troupe of Afghanistan poets or Palestinian dancers at
    the door
Calling him away for a month or two on a tour
Of deserts and villages full of goats and dark veiled women
For whom poetry is heaven. But when the knock comes
She opens the door with a welcoming assertive smile,
Not saying a lot, but he knows what's in her mind:
'Christ lads, he's tried that a few times before
And he always staggered home to me after his
    perambulations
Admitting the absolute folly at that particular time of his life
Of looking for the real him outside himself.'
And then he might say: 'Yeah, look, maybe some other time,
I have some fairly important projects on at the moment.'
That night in his wooden hut in the dank desolate back
    garden
He hears her earthy far-away voice calling him in
And he imagines her veiled in Muslim dress
Caressing and undressing him in the desert of her eyes.

Translation by the author

Meirg agus Lios Luachra
do Mháire

gur imigh an t-am
mar seo mar siúd
sall timpeall
faoi
gurbh é an t-am a d'imigh
an t-am a bhí romhainn
sa todhchaí
is go rabhamar
tráthnóna síoraí samhraidh
i reilig seanghluaisteán
ar fán
i measc fothraigh
na *model t's*
go raibh meirg ar do lámha
ar do ghúna fada bán
go rabhamar cosnocht
beo bocht
griandóite go cnámh
go rabhthas ag sméideadh orainn
trí fhuinneog traenach
a bhí ag filleadh
ó chraobh na héireann
i naoi déag tríocha ceathair
gur leanamar í tamall
feadh an iarnróid
gur fhilleamar abhaile
ar an gcoill rúnghlas
thíos ar ghrinneall locha
mar a raibh ár lios luachra

Rust and Rampart of Rushes
for Máire

that time weaved
this way that way
over around
under
so that time past
was time before us
in the future
and that we were
one eternal summer evening
in a graveyard of old cars
wandering
among the ruins
of model t's
that there was rust on your hands
on your long white dress
that we were barefoot
penniless
sunburnt to the bone
that we were waved to
from the window of a train
returning from
the all-ireland final
in nineteen thirty four
that we followed it awhile
along the line
home
to our green and secret wood
down in the lake's bed
where our rampart of rushes stood

go raibh ceol mileoidin in uachtar
mediums pórtair á n-ól
arán tí ar bord
go raibh pearsana anaithnid
ina scáileanna ar snámh
idir sinn agus dán
go raibh bearnaí mistéireacha le dathú
agus véarsaí le cur lenár ngrá
sara mbeadh an pictiúr
iomlán

MICHAEL DAVITT
(b. 1950)

that it was all melodeon music
porter by the medium*
home-made bread on the table
that unknown persons
were shadows floating
between us and fate
that there were gaps of mystery to be painted
and verses to be added to our love
before the picture be
complete

Translation by
GABRIEL ROSENSTOCK
& MICHAEL HARTNETT

---

*a measure of stout in Kerry

Leaba Shíoda

Do chóireoinn leaba duit
i Leaba Shíoda
sa bhféar ard
faoi iomrascáil na gcrann
is bheadh do chraiceann ann
mar shíoda ar shíoda
sa doircheacht
am lonnaithe na leamhan.

Craiceann a shníonn
go gléineach thar do ghéaga
mar bhainne á dháil as crúiscíní
am lóin
is tréad gabhar ag gabháil thar chnocáin
do chuid gruaige
cnocáin ar a bhfuil faillte arda
is dhá ghleann atá domhain.

Is bheadh do bheola taise
ar mhilseacht shiúcra
tráthnóna is sinn ag spaisteoireacht
cois abhann
is na gaotha meala
ag séideadh thar an Sionna
is na fiúisí ag beannú duit
ceann ar cheann.

Labasheeda

I'd make a bed for you in Labasheeda
Sheeda's silken bed
in the tall grass
under the tree-entangled shade
and your skin would be
as silk on silk
in the dark
at moth gathering time.

Your skin stretching
lucent over limbs
as milk flowing from jugs
in the haze of noon
and your hair a herd of goats
gamboling over cloudy hills
hills high peaked
with deep ravines between.

And your moist lips would be
as sweet as honey
as we walked along the river
at the evening hour
while fragrant winds
wafted across the Shannon
and the fuschia greeted you
one by one.

Na fiúisí ag ísliú
a gceanna maordha
ag úmhlú síos don áilleacht
os a gcomhair
is do phriocfainn péire acu
mar shiogairlíní
is do mhaiseoinn do chluasa
mar bhrídeog.

Ó, chóireoinn leaba duit
i Leaba Shíoda
le hamhascarnach an lae
i ndeireadh thall
is ba mhór an pléisiúr dúinn
bheith géaga ar ghéaga
ag iomrascáil
am lonnaithe na leamhan.

NUALA NÍ DHOMHNAILL
(b. 1952)

The fuschia bending low
their royal heads
adazzled by beauty's radiance
arrayed before them
and I would pick a pair
as earrings
to adorn you
like a bride.

O, I'd make a bed for you
in Labasheeda
at the close of day
and oh what joy to be
limb in limb entwining
in Sheeda's silken bed
in Labasheeda
at moth gathering time.

Translation by
SEÁN MAC MATHGHAMHNA

Blodewedd

Oiread is barra do mhéire a bhualadh orm
is bláthaím,
cumraíocht ceimice mo cholainne
claochlaíonn.
Is móinéar féir mé ag cathráil
faoin ngréin
aibíonn faoi thadhall do láimhe
is osclaíonn

mo luibheanna uile, meallta
ag an dteas
an sú talún is an falcaire fiain
craorag is obann, cúthail
i measc na ngas.
Ní cás duit
bínsín luachra a bhaint díom.

Táim ag feitheamh feadh an gheimhridh
le do ghlao.
D'fheos is fuaireas bás
thar n-ais sa chré.
Cailleadh mo mhian collaí
ach faoi do bhos
bíogaim, faoi mar a bheadh as marbhshuan,
is tagaim as.

Blodewedd

At the least touch of your fingertips
I break into blossom,
my whole chemical composition
transformed.
I sprawl like a grassy meadow
fragrant in the sun;
at the brush of your palm, all my herbs
and spices spill open

frond by frond, lured to unfold
and exhale in the heat;
wild strawberries rife, and pimpernels
flagrant and scarlet, blushing
down their stems.
To mow that rushy bottom;
no problem.

All winter I waited silently
for your appeal.
I withered within, dead to all,
curled away, and deaf as clay,
all my life forces ebbing slowly
till now I come to, at your touch,
revived as from a deathly swoon.

Soilsíonn do ghrian im spéir
is éiríonn gaoth
a chorraíonn mar aingeal Dé
na huiscí faoi,
gach orlach díom ar tinneall
roimh do phearsain,
cáithníní ar mo chroiceann,
gach ribe ina cholgsheasamh
nuair a ghaibheann tú tharam.

Suím ar feadh stáir i leithreas
na mban.
Éiríonn gal cumhra ó gach orlach
de mo chneas
i bhfianaise, más gá é a thabhairt
le fios,
fiú barraí do mhéar a leagadh orm
is bláthaím.

NUALA NÍ DHOMHNAILL
(b. 1952)

Your sun lightens my sky
and a wind lifts, like God's angel,
to move the waters,
every inch of me quivers
before your presence,
goose-pimples I get as you glide
over me, and every hair
stands on end.

Hours later I linger
in the ladies' toilet,
a sweet scent wafting
from all my pores,
proof positive, as if a sign
were needed, that at the least
touch of your fingertips
I break into blossom.

Translation by
JOHN MONTAGUE

Leannáin

Inár seomra suí leapa
seargann na plandaí tí
fiú i dtús an tsamhraidh

Titeann duilleoga feoite
i measc deora taisligh
dusta agus proinn dhóite

Ní ghlaonn an ghrian
isteach trí fhuinneog an dín
aon séasúr den bhliain

Is anseo i saol seargtha
an bhrocsholais, tá sé ina Shamhain
ag plandaí is ag leannáin

CATHAL Ó SEARCAIGH
(b. 1956)

Lovers

In our bed-sitting room
houseplants do not bloom
even during summer

Lifeless leaves rust
settle in the damp
the burnt-out meals, the dust

The sun doesn't call
for some strange reason
from season to season

And in our badger's lair
it's twilight, it's November
for plants, for lovers, everywhere

Translation by
GABRIEL ROSENSTOCK

Macha
Do Mhary

Éiríonn éan as measc na dtom
mar a bheadh tobainne gáire páiste ann.

I do dhá shúil, a ghearrchaile,
tá péire éan donn neadaithe.
Ní heol dom a n-ainm Laidine

ach aithním as an nua iad gach uair
a theilgeann tú do gháire paiseanta uait.

Is insíonn do shiúlóid sheolta
i measc na bhfearnóg
nithe dom, leis,
ab eol don éan is don chré fadó.

Táid na clocha fiú ag éamh as d'ainm fíor ort.

Is inseoidh an dúthaigh seo
an taobh go bhfuilir ann

don té a éisteann
cantaic na mbalbhán,

don té a fhéachann
léimt an bhradáin

agus a bhéarfaidh ar an gcarbad
ina scriosrás trí lár na má.

COLM BREATHNACH
(b. 1961)

Macha*
For Mary

A bird rises from the thickets
like a burst of child's laughter.

In your eyes, my girl,
two brown birds are nesting.
I do not know their names in Latin

but know them all the same
when your passionate laughter cascades.

Your stately gait
among the alders
relates to me also of matters
bird and earth knew long before.

Even the stones proclaim you by your name.

And this countryside will relate
the reason for your being

to whomsoever listens
to the canticle of the mute,

to whomsoever watches
the salmon's leap

coming abreast with the chariot
in its deathcharge through the plain.

Translation by
GABRIEL ROSENSTOCK

---

*Macha: a fertility/war goddess of the Ancient Celts in Ireland forced to race the chariot of Conchubhar Mac Neasa in order to defend the honour of her husband. After winning the race, she gave birth to twins. Thus, Conchubhar's fort acquired the name *Eamhain Mhacha*, or the Twins of Macha.

Liadhain

Liadhain . . .
Bhí fios agam di

Mé Cuirithir.
Le Dia a leath dhíom
Le Liadhain an leath eile.

An leath dhíom ar le Dia í
is seasc, marbh

An leath dhíom ar le Liadhain í
is bruithneach.

I ndoire sea luíomar le chéile
ba gheall le cnó á oscailt é
is á chur im béal
ag crobh cailce dofheicthe

Siolla níor labhair sí
ach nuair a dhún sí a súile
ba léir di an sú
ag éirí sna crainn

gur chuala sásamh ársa na gcraobh

GABRIEL ROSENSTOCK
(b. 1949)

Liadhain*

Liadhain . . .
I had knowledge of her.

I am Cuirithir.
Half of me with God
with Liadhain the other half.

That of me which is God's
is barren, dead

That of me which is Liadhain's
a furnace.

In an oak-grove we lay
a nut that was opened
and placed in my mouth
by a chalk-white hand, invisible

Not a syllable did she speak
but when she closed her eyes
she clearly saw
the sap rising in the trees

and heard the ancient joy of limbs

Translation by the author

*Note

Our selection ends as it begun, with Liadhain and Cuirithir. She was a seventh century poetess from Corca Dhuibhne, an area in West Kerry where Irish is still spoken. She loved and was loved by Cuirithir Mac Dobharchon ('Son of the Otter'). Her spiritual advisor, St. Cumaine Fada, would not allow them to share the same bed—except for one night, with a wide-awake cleric between them! Anyway. . . Cuirithir became a monk. He went into exile on hearing that Liadhain was on her way to see him. She died of a broken heart on the flagstone where he used to pray.

Irish Love
Proverbs & Triads

Tharla gur mharaigh a hoide gamhain lá sneachta le béile a ullmhú do Dheirdre, agus thit cuid d'fhuil an ghamhna ar an tsneachta. Tháinig fiach dubh a ól na fola agus chonaic sise é agus í ag amharc amach.

"A Leabharcham," ar sise, "is mairg gan fear agam ar a bhfuil na trí dathanna sin: dath an fhéich ar a chuid gruaige, dath na fola ar a ghrua, agus dath an tsneachta ar a chneas. . ."

Go n-athraí an fiach a dhubh
is go dté an eala i gcruth nach bán,
Go ngaire an chuach gach mí
ní chreidfidh mé choíche na mná.

Is trua, a Dhia, mo ghalar,
Gan mé agam ná ise:
Nílim féin agamsa,
Is ní hagam atá ise.

The Colour of the Raven

It happened that her foster-father killed a calf on a
snowy day to make a meal for Deirdre, and some of the calf's
blood fell on the snow. A raven came to sup the blood and
she saw the bird as she looked out.

"Oh Leabharcham," she said, "a pity I haven't a man
with those three colours: the colour of the raven in his hair,
the colour of blood in his cheeks, and his skin the colour
of snow."

Until the Raven Turns to White

Until the raven turns to white,
the swan a colour other than bright
Until each month the cuckoo cries
with womenfolk I'll ne'er confide.

God, a Pity My Disease

God, a pity my disease,
Myself I have not—nor she—
I neither have my self
Nor is she with me.

Toghail Bruíne Da Dearga
(10th century)

Batar gilithir snechta n-óenaidche na dí dóit, ocus batar maethchóiri, ocus batar dergithir sian slébe na dá gruad nglanáilli. Batar duibithir druimne daeil na dá malaich. . .

Iarraim Mo Bheith Óg Arís
(18th century)

Iarraim mo bheith óg arís,
Iarraim ar Chríost mo bheith deas,
Iarraim na hiomairí a chíonn
Ógfhir i m'aghaidh a dhul as.

Ortha Seirce agus Síorghrá

Ortha a chuir Muire in im,
ortha seirce is síorghrá:
nár stada do cholainn
ach d'aire a bheith orm,
go leana do ghrá mo ghnaoi
mar leanas an bhó an lao
ón lá seo go lá mo bháis.

The Destruction of the
Red God's Hostel
(10th century)

White as the snow of one night her two hands, soft and
smooth and red as foxglove her two clear, lovely cheeks.
Dark as the back of a stag-beetle her two eyebrows. . .

I Ask to be Young Again
(18th century)

I ask to be young again,
I ask Christ to make me a dear!
The wrinkles all the young men
See on my face—may they disappear!

A Love Charm for Lasting Love

A charm the Virgin Mary put on the butter,
the love charm for lasting love:
may your body never cease
to pay me attention,
may your love follow my face
as the cow follows her calf
from this day until my last.

Na trí ní is mó giodam:
    Piscín cait
    Meannán gabhair
    Nó baintreach óg mhná

Na trí nithe is géire amuigh:
    Súil iolair i gceo
    Súil con i ngleann
    Súil mná óige ar aonach

Trí ní a chuaigh de Harry Statal a thuiscint:
    Intinn na mban
    Obair na mbeach
    Teacht is imeacht na taoide

Na trí beaga is fearr:
    Beag na coirceoige
    Beag na gcaorach
    Beag na mná

Trí athghin an domhain:
    Brú mná
    Úth bó
    Neas gabhann

Trí búada téiti:
    Ben cháemh
    Ech maith
    Cú luath

The three friskiest:
> The kitten
> The kid goat
> The young widow

The three sharpest:
> Eagle's eye in the mist
> Hound's eye in the glen
> Girl's eye on young men

Aristotle was stumped by these:
> The mind of a woman
> The ebb and flow of the tide
> The work of the bees

Best of the littlest:
> Little hive
> Little sheep
> Little woman

Three renewals of the world:
> Woman's womb
> Cow's udder
> Smith's fiery furnace

Three glories of a gathering:
> Lovely wife
> Good steed
> Swift hound

Folaíonn grá gráin.

⊠ ⊠ ⊠

An chéad ghrá mná agus an dara grá fir.

⊠ ⊠ ⊠

Galar an grá ná leighiseann luibheanna.

⊠ ⊠ ⊠

Is olc an bhean bheo ná cuirfeadh bean mharbh.

⊠ ⊠ ⊠

Dá mbeadh spré ag an gcat is minic a pógfaí a béal.

⊠ ⊠ ⊠

Fear gan bean mar asal gan eireaball.

⊠ ⊠ ⊠

*Is fearr dhuit a bheith i do pheata ag seanfhear ná
i do sclábhaí ag fear óg.*

Love veils the unlovely.

❧ ❧ ❧

*A woman's first love, a man's second love—
these endure most.*

❧ ❧ ❧

Love's a disease that no herb cures.

❧ ❧ ❧

*It's a bad living woman who can't bury a dead one. (i.e. A woman
who can't bury the memory of a first wife, now deceased.)*

❧ ❧ ❧

If the cat had a dowry, it's often her mouth would be kissed.

❧ ❧ ❧

A man without a woman is like an ass without a tail.

❧ ❧ ❧

Better to be an old man's pet than a young man's slave.

Other Irish interest titles from Hippocrene. . .

IRISH LOVE POEMS: DÁNTA GRÁ
edited by Paula Redes
illustrated by Peadar McDaid

Mingling the famous, the infamous, and the unknown into a striking collection, these works span four centuries up to the most modern of poets such as Nuala Ní Dhomhnaill and Brendan Kennelly.
146 pages • 6 X 9 • illus. • 0-7818-0396-9 • W • $17.50hc • (70)

IRISH PROVERBS
illustrated by Fergus Lyons

A collection of wit and wisdom in the great oral tradition of Ireland makes this collection interesting and informative. A peek into the Irish soul with 200 proverbs discussing the hard times, good times and great times experienced by the Irish people in the cities, out in the country and by the sea. Also included are 25 illustrations, adding style and humor to this collection.
160 pages • 5½ X 8½ • 25 illus. • 0-7818-0676-3 • W • $14.95hc • (761)

Bilingual Love Poetry. . .

All books: 128 pages • 5 X 7 • W • $11.95hc

TREASURY OF AFRICAN LOVE POEMS AND PROVERBS
Nicholas Awde, editor and translator

Selection of songs and sayings from numerous African languages—including Swahili, Yoruba, Berber, Zulu and Amharic.
0-7818-0483-3 • (611)

TREASURY OF ARABIC LOVE POEMS, QUOTATIONS AND PROVERBS
Farid Bitar, editor and translator
    Selections from Adonis, Kahlil Gibran, Saïd 'Aql, and Fadwä Tüqän.
0-7818-0395-0 • (71)

TREASURY OF CZECH LOVE POEMS, QUOTATIONS AND PROVERBS
edited by Marcela Rydlová-Ehrlich
    Among the 40 poets represented are Bohumil Hrabal, Milan Kundera, Jan Neruda and Nobel prize winner Jaroslav Seifert.
0-7818-0571-6 • (670)

TREASURY OF FINNISH LOVE POEMS, QUOTATIONS AND PROVERBS
Börje Vähämäki, editor and translator
    Selections from Alekis Kivi, Eeva Kilpi, Johann Runeberg and Edith Södergran.
0-7818-0397-7 • (118)

TREASURY OF FRENCH LOVE POEMS, QUOTATIONS AND PROVERBS
Richard A. Branyon, editor and translator
    Selections from Baudelaire, Hugo, Rimbaud and others.
0-7818-0307-1 • (344)
Audiobook: 0-7818-0359-4 • W • $12.95 • (580)

TREASURY OF GERMAN LOVE POEMS, QUOTATIONS AND PROVERBS
Alumut Hille, editor
    Selections from Schiller, Goethe, Rilke and others.
0-7818-0296-2 • (180)
Audiobook: 0-7818-0360-8 • W • $12.95 • (577)

TREASURY OF HUNGARIAN LOVE POEMS, QUOTATIONS AND PROVERBS
Katherine Gyékenyesi Gatto, editor and translator
0-7818-0477-9 • (550)

TREASURY OF INDIAN LOVE POEMS AND PROVERBS
edited by Christopher Shackle and Nicholas Awde
This charming gift volume includes over 100 poems and proverbs of love from 15 languages of India—Assamese, Bengali, Gujarati, Hindi, Malayalam, Marathi, Punjabi, Sanskrit, Tamil and Urdu among others—with side-by-side English translations.
0-7818-0670-4 • (768)

TREASURY OF ITALIAN LOVE POEMS, QUOTATIONS AND PROVERBS
Richard A. Branyon, editor and translator
Selections by Dante Aligheri, Petrarch and Pugliese are included.
0-7818-0352-7 • (587)
Audiobook: 0-7818-0366-7 • W • $12.95 • (581)

TREASURY OF JEWISH LOVE POEMS, QUOTATIONS AND PROVERBS, IN HEBREW, YIDDISH AND LADINO
David Gross, editor
Includes selections from Bialik and Halevi.
0-7818-0308-X • (346)
Audiobook: 0-7818-0363-2 • W • $12.95 • (579)

TREASURY OF POLISH LOVE POEMS, QUOTATIONS AND PROVERBS
Miroslaw Lipinski, editor and translator
Works by Krasinski, Sienkiewicz and Mickiewicz are included among 100 selections by 44 authors.
0-7818-0297-0 • (185)
Audiobook: 0-7818-0361-6 • W • $12.95 • (576)

TREASURY OF LOVE POEMS BY ADAM MICKIEWICZ IN POLISH AND ENGLISH
edited by Krystyna Olszer
This beautiful bilingual gift edition contains 31 poems by celebrated Romantic poet, Adam Mickiewicz.
0-7818-0652-6 • (735)

TREASURY OF ROMAN LOVE POEMS, QUOTATIONS AND PROVERBS
Richard A. Branyon, editor and translator
Includes works by Cicero, Ovid and Horace.
0-7818-0309-8 • (348)

TREASURY OF RUSSIAN LOVE POEMS, QUOTATIONS AND PROVERBS
Victorya Andreyeva, editor
Includes works by Tolstoy, Chekhov and Pushkin.
0-7818-0298-9 • (591)
Audiobook: 0-7818-0364-0 • W • $12.95 • (586)

TREASURY OF SPANISH LOVE POEMS, QUOTATIONS AND PROVERBS
Juan and Susan Serrano, editors
Includes works by de la Vega, Calderon and Garcia Marquez.
0-7818-0358-6 • (589)
Audiobook: 0-7818-0365-9 • W • $12.95 • (584)

TREASURY OF UKRAINIAN LOVE POEMS, QUOTATIONS AND PROVERBS
edited by Hélène Turkewicz-Sanko
0-7818-0517-1 • W • $11.95hc • (650)

Bilingual Love Short Stories. . .

TREASURY OF CLASSIC FRENCH LOVE SHORT STORIES, IN FRENCH AND ENGLISH
edited by Lisa Neal

Includes selections from Marie de France, Marguerite de Navarre, Guy de Maupassant, and Madame de Lafayette among others.
159 pages • 5 X 7 • 0-7818-0511-2 • W • $11.95hc • (621)

TREASURY OF CLASSIC SPANISH LOVE SHORT STORIES, IN SPANISH AND ENGLISH
edited by Bonnie May

Selections from Cervantes, Miguel de Unamuno, Jorge de Montemayor and Gustavo Adolfo Becquer among others.
157 pages • 5 X 7 • 0-7818-0512-0 • W • $11.95hc • (604)

TREASURY OF CLASSIC POLISH LOVE SHORT STORIES, IN POLISH AND ENGLISH
edited by Miroslaw Lipinski

This volume includes tales of love from Henryk Sienkiewicz, Karol Irzykowski, Tadeusz Rittner, and Halina Poswiatowska among others.
109 pages • 5 X 7 • 0-7818-0513-9 • W • $11.95hc • (603)

All prices subject to change. **To purchase Hippocrene Books** contact your local bookstore, call (718) 454-2366, or write to: HIPPOCRENE BOOKS, 171 Madison Avenue, New York, NY 10016. Please enclose check or money order, adding $5.00 shipping (UPS) for the first book and $.50 for each additional book.